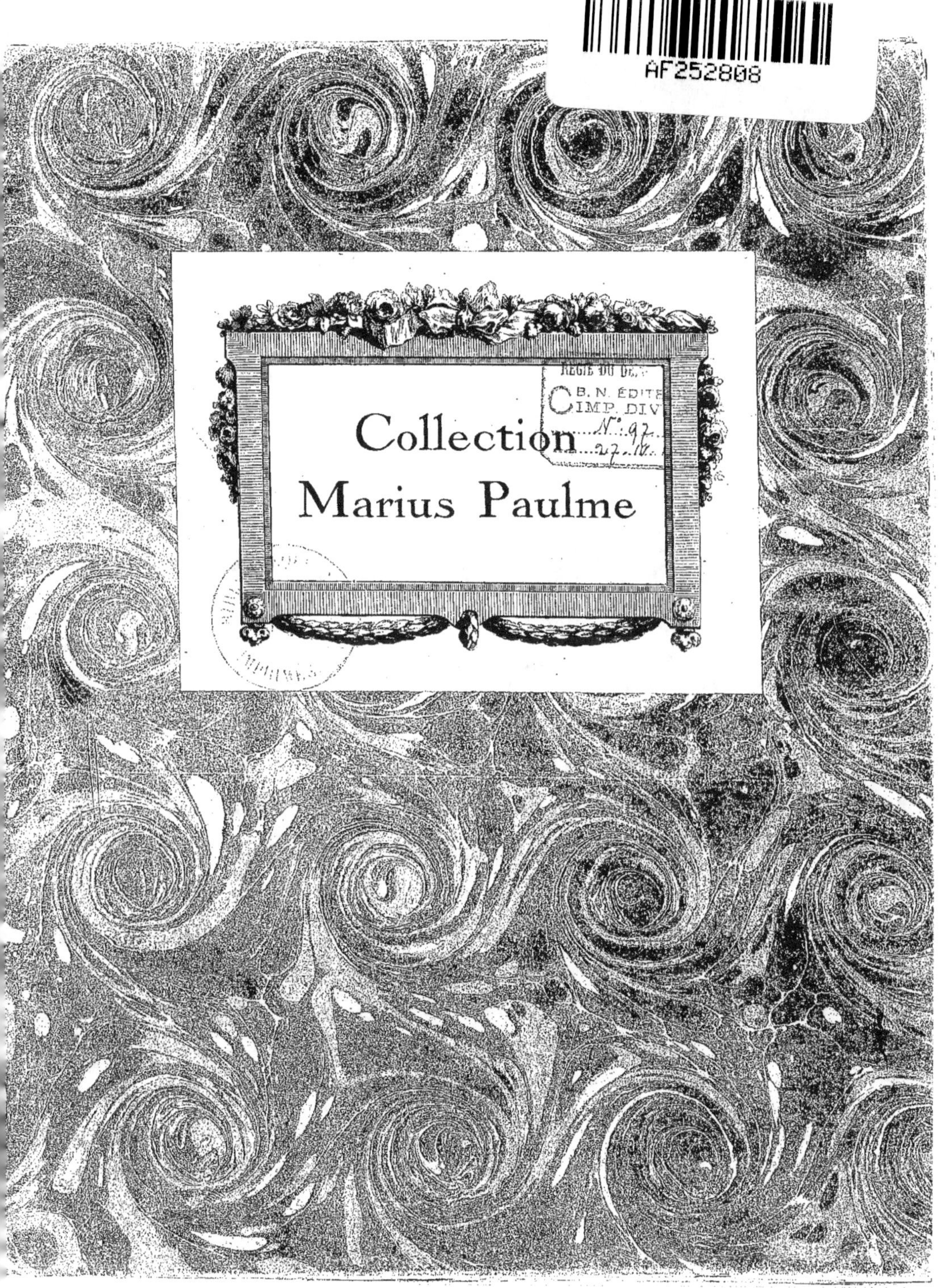
Collection
Marius Paulme

COLLECTION

MARIUS PAULME

DESSINS ANCIENS

Gouaches et Pastels

PRINCIPALEMENT

DE L'ÉCOLE FRANÇAISE

DU XVIIIe SIÈCLE

PREMIÈRE VACATION

CONDITIONS DE LA VENTE

Elle sera faite au comptant.

Les adjudicataires paieront **19 fr. 50** pour **cent** en sus des enchères.

ORDRE DES VACATIONS

Le Lundi 13 Mai 1929

DESSINS, GOUACHES, PASTELS

Numéros 1 à 74 — 76 — 77 — 86 — 75 — 78 à 85
87 à 124

Le Mardi 14 Mai 1929

DESSINS, GOUACHES, PASTELS

Numéros 125 à 266

Le Mercredi 15 Mai 1929

SCULPTURES

Numéros 267 à 346

Les Dessins et Sculptures de la présente Vente sont tous reproduits.

CATALOGUE

DES

DESSINS ANCIENS

Gouaches & Pastels

PRINCIPALEMENT

DE L'ÉCOLE FRANÇAISE

DU XVIIIᵉ SIÈCLE

ŒUVRES DE

E. Aubry, P.-A. Baudouin, Ch. Benazech, L. Boilly, A. Borel
F. Boucher, C.-L. Chatelet, M. Clodion, C.-N. Cochin, H.-P. Danloux, P.-L. Debucourt
J.-D. Delafosse, P.-A. Demaohy, D. Dumonstier, J.-H. Fragonard, C. Gillot
J. Van Goyen, J.-B. Greuze, F. Guardi, J.-B. Hilaire, C.-J.-B. Hoin, J.-A. Houdon
J.-B. Huet, E. Jeaurat, M.-Q. de La Tour, N. Lawreince, etc.

COMPOSANT LA

Collection de M. MARIUS PAULME

DONT LA VENTE AUX ENCHÈRES PUBLIQUES

AURA LIEU

GALERIE GEORGES PETIT, 8, rue de Sèze

Le Lundi 13 Mai 1929, à 2 heures

COMMISSAIRE-PRISEUR

Mᵉ F. LAIR DUBREUIL
6, rue Favart, 6

EXPERT

M. G. B.-LASQUIN
6, rue Rodier, 6

EXPOSITIONS

PARTICULIÈRE : *Le Samedi 11 Mai 1929, de 2 heures à 6 heures*
PUBLIQUE : *Le Dimanche 12 Mai 1929, de 2 heures à 6 heures*

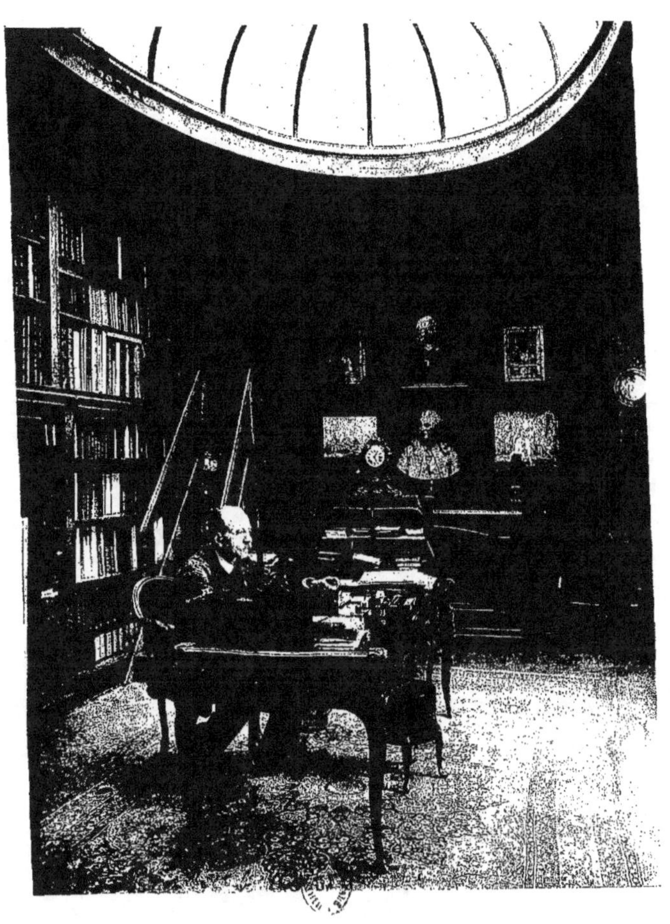

Marius Paulme

Boucher
(François)
Paris 1703 + 1770

Étude pour Le Magnifique
Conte de Lafontaine.

La femme d'Aldobrandin est représentée en pied, assise, vue de trois-quarts à droite, la jambe droite croisée sur la gauche. Elle est vêtue d'une robe à paniers, garnie d'un volant; le corsage, lacé sur le devant est décolleté avec manches courtes. Son col est orné d'une guimpe de dentelle, et de ses deux mains tenant un éventail, la volage personne écoute sans y répondre les galants propos du Magnifique.

Dessin à la sanguine. Signé à la plume, en bas, à droite.

Haut: 230 mill — Larg: 180 mill. Cadre doré de style Louis XV.

Ce dessin se retrouve gravé dans l'estampe de N. de Larmessin, d'après F. Boucher, pour le Magnifique, Conte de Lafontaine (photo de la gravure au verso de la photo ci-contre). La pose et l'attitude de la femme, rappellent également certains portraits de la Marquise de Pompadour, peints par Boucher.

DESSINS ANCIENS

Gouaches et Pastels

PRINCIPALEMENT DU XVIII⁰ SIÈCLE

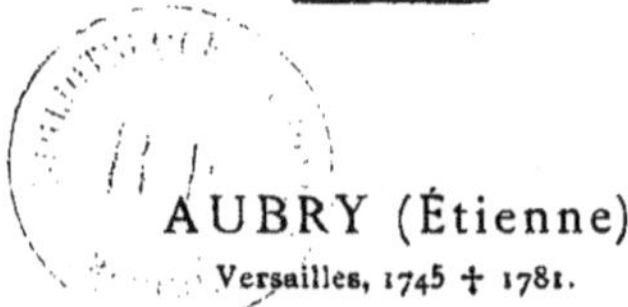

AUBRY (Étienne)

Versailles, 1745 † 1781.

1 — L'Heureuse Mère.

Dans le désordre d'un intérieur rustique, une jeune femme est assise sur une chaise, les pieds posés sur un tabouret. Elle est vêtue d'une robe à corsage décolleté et manches courtes, coiffée d'un bonnet. Elle joue avec le plus jeune de ses deux enfants, encore en chemise, tandis que l'aîné, debout à côté d'elle, s'est couvert la tête d'un drap pour faire peur à son jeune frère. Un chien jappe. A gauche, un berceau; à droite, sur une table posée sur des tréteaux, un pot à eau, une cuvette et une bassine, des fruits et légumes.

Dessin de forme ovale, au crayon.

Haut., 3o5 millim.; larg., 4oo millim.

Cadre en bois sculpté et doré, à cours de postes, style Louis XVI.

Planche 1.

BAKHUYSEN (Ludolf)

Embden, 1631 † Amsterdam, 1708.

2 — Navire au radoub.

Une brise légère agite doucement les flots et gonfle les voiles d'un grand navire et de quelques bateaux, sortis du port, qui l'accompagnent. Au premier plan et à gauche, un bâtiment est incliné sur le flanc et, près de lui, des hommes debout sur un radeau ou dans des barques sont occupés à le radouber. Une épaisse fumée se dégage de sa coque et va se perdre dans les nuages gris du ciel. Au centre, une barque, battant pavillon hollandais, file vent arrière.

Dessin au lavis d'encre de Chine.

Haut., 120 millim.; larg., 195 millim.

Cadre en bois mouluré, sculpté et doré, à bordure décorée d'un cours d'ornements feuillagés à rosaces et culots, époque Louis XV.

Planche 2.

BAUDOUIN (Pierre-Antoine)
Paris, 1723 † 1769.

3 — Désespoir d'amour.

Dans l'intérieur en désordre d'une chambre de couvent éclairée par
une fenêtre aux solides barreaux de fer, une jeune fille élégamment
vêtue, dans une suprême crise de désespoir, vient de s'écrouler à terre,
le haut du corps reposant sur une chaise, et tenant encore, dans sa
main droite, le poignard dont elle s'est frappée. Derrière les barreaux,
un personnage, sans doute l'amant, fait des efforts désespérés pour
essayer, de ses deux bras allongés, d'atteindre son amie. Pendant ce
temps, un moine et une nonne sont accourus et se précipitent avec
des gestes d'effroi au secours de la malheureuse.

Cette scène dramatique doit avoir été inspirée à l'artiste par un
roman d'amour du xviiie siècle que, malgré nos recherches, il nous a
été impossible d'identifier.

Dessin à la plume et lavis de sépia.

Haut., 371 millim; larg., 294 millim.

Cadre doré à canaux, style Louis XVI.

Ce dessin, d'une extrême intensité de vie et d'une si magistrale exécution
qu'il a pu être attribué à H. Fragonard, porte en bas, à droite, frappé à sec, le
cachet de la célèbre collection du Chevalier de Damery, l'un des plus connus
parmi les amateurs du xviiie siècle.

Cf. : Lugt, *Marques de collections*, n° 2862.

Planche 3.

BENAZECH (Charles)
Londres, 1767 † 1794.

4 — Le Vieillard complaisant.

Dans le jardin d'une habitation de campagne, auprès de la margelle d'un puits, un groupe de personnages sont réunis. Une jeune femme, qui s'occupait à ravauder, est assise sur un banc, ayant à côté d'elle, debout, un garçonnet qui se cramponne à son bras gauche; tous deux fixent attentivement leurs regards sur un vieillard assis sur une pierre, s'essayant à enfiler une aiguille. Pour être plus à l'aise, il a posé à terre chapeau et bâton. Derrière lui, une accorte lavandière debout, tenant de sa main gauche une corbeille en vannerie appuyée sur sa hanche, semble se rire des efforts inutiles que fait le vieillard pour arriver à son but. A gauche, un enfant joue avec un gros chien.

Dessin à l'aquarelle, rehaussé de gouache.

Haut., 250 millim.; larg., 190 millim.

Cadre en bois mouluré, sculpté et doré, à perles et ruban, orné en haut d'un trophée d'attributs, style Louis XVI.

Charles Benazech, portraitiste, peintre de genre et graveur, naquit et mourut à Londres. A l'âge de quinze ans, il se rendit à Rome; à son retour, il séjourna à Paris où il travailla avec Greuze, dont l'influence se retrouve dans ses compositions.

Il se fit un nom par quatre tableaux représentant les derniers jours de Louis XVI, qui, reproduits en gravure, eurent un grand succès.

Il exposa à l'Académie de Londres et fut membre de l'Académie de Florence.

Il a gravé à l'aquatinte, d'après ses propres compositions, et tout le monde connaît ses deux estampes en couleur : *le Couronnement de la rosière* et *le Prix de l'Agriculture.*

On retrouve dans le dessin décrit ci-dessus les mêmes personnages, et dans des attitudes analogues, que ceux qui se voient dans ces deux estampes.

Planche 4.

BOILLY (Louis-Léopold)

La Bassée, 1761 † 1845.

5 — Portrait de l'artiste.

Représenté en buste, de trois quarts vers la gauche, la tête presque de profil. Il est vêtu d'un habit à large col droit relevé et revers, ouvrant sur une chemise à col et cravate de lingerie. Il est coiffé en broussaille et porte des lunettes.

Dessin au crayon. Signé et daté : *1823*.

Haut., 205 millim.; larg., 135 millim.

Cadre en bois mouluré, sculpté et doré, à double rang de perles, époque Louis XVI.

Planche 5.

BOILLY (Louis-Léopold)

6 — Portrait d'un jeune garçon.

Vu en buste, de trois quarts à gauche, le visage presque de face. Il est vêtu d'un habit à double rangée de boutons, avec col rabattu et larges revers, laissant voir une chemise de lingerie légèrement décolletée. Il est nu-tête, la chevelure en désordre.

Dessin au crayon noir et rehauts de blanc, sur papier gris.

Haut., 215 millim.; larg., 165 millim.

Ce portrait pourrait être celui de l'un des enfants de l'artiste.

Planche 5.

BOILLY (Louis-Léopold)

7 — Portrait de l'un des fils de l'artiste.

Il est représenté blotti dans un fauteuil de bureau, la tête penchée vers son épaule droite. Le visage, tout rond, est éclairé de deux grands yeux, et les cheveux blonds sont en désordre. Son vêtement, ouvert sur la poitrine, laisse voir une chemisette à large col de lingerie.

Dessin au crayon noir, frottis d'estompe et rehauts de blanc, sur papier gris.

Haut., 330 millim.; larg., 260 millim.

Cadre doré, à rais de cœur et canaux.

Vente Dumesny, décembre 1910.

C'est l'un des quatre fils de l'artiste, si souvent représenté dans ses compositions. C'est l'enfant qui se trouve au centre du groupe de trois jeunes garçons dans l'estampe gravée par Gudin, d'après Boilly, ayant pour titre : *les Petits Soldats*.

Le même fauteuil que l'on voit dans ce dessin se retrouve dans plusieurs sujets traités par Boilly, notamment dans une grande lithographie : *la Vaccine*, représentant le Dr Petroz assis dans ce fauteuil et vaccinant toute la famille de l'artiste.

On le retrouve encore dans une autre lithographie de Boilly, ayant pour titre : *C'est ma bonne maman.*

Planche 6.

BOILLY (Louis-Léopold)

8 — La Petite Précaution.

Une jeune maman debout, vêtue d'une robe longue, au corsage recouvert d'un fichu croisé et les cheveux enveloppés d'un foulard, a déposé le panier qui embarrassait son bras gauche, tandis que sa main droite à soulevé et tient relevée la chemise de son bébé, debout devant elle, satisfaisant un petit besoin naturel. A droite, et lui faisant face, une fillette, aux cheveux ébouriffés, regarde la scène.

Dessin au crayon noir, frottis d'estompe et rehauts de blanc, sur papier gris. Signé en lettres capitales, en bas, à gauche.

Haut., 160 millim.; larg., 220 millim.

Cadre en bois doré, à crossettes et guirlandes, style Louis XVI.

Collection Cheramy. Vente à Paris des 5-7 mai 1908, n° 244, sous le titre : *Les Soins maternels.*

Ce sont exactement trois des mêmes personnages, à peu près dans les mêmes attitudes et presque les mêmes vêtements (sauf le bébé qui est habillé), qu'on retrouve dans une lithographie originale de Boilly, en contre-partie, sous le titre : *Les Jouets du Jour de l'An.*

Une peinture du même sujet se trouve dans la collection du baron Henri de Rothschild.

Exposition de la Vie Parisienne au xviiie siècle, au musée Carnavalet, mars-avril 1928, n° 115.

Planche 7.

BOILLY (Louis-Léopold)

9 — L'Accident réparé.

Dans un intérieur décoré d'une ample draperie, d'un vase et d'une
statue du *Garde-à-vous* de Falconet, sur son piédestal, deux jeunes filles
sont occupées à réparer une statuette en plâtre d'enfant nu, de François
Duquesnoy, un de leurs modèles de dessin, qui a subi un petit accident.
L'une d'elles, assise dans un fauteuil, en toilette d'intérieur, s'apprête
avec attention à poser à l'endroit voulu l'accessoire fracturé ; l'autre,
debout, penchée vers son amie, suit avec intérêt la délicate opération.
Gouache.

Haut., 138 millim.; larg., 170 millim.

Cadre en bois mouluré, sculpté et doré, orné d'un rang de perles,
époque Louis XVI. Il est enrichi, à la partie supérieure, d'un cartel
et d'un nœud de ruban.

Ancienne collection Jacques Doucet (avant 1912).

Vente anonyme d'objets d'art, à Paris, le 2 avril 1909 (attribuée à tort à
Van Gorp), n° 34. Reproduite dans le catalogue.

Les gouaches sont rares dans l'œuvre peint de Boilly. Il en existe cependant
un certain nombre dans les collections particulières parisiennes. Du reste,
Boilly s'est essayé avec succès dans tous les procédés : peinture, dessin,
miniature, fixé, etc.

Dans cette composition, on retrouve ses modèles et ses accessoires qui se
remarquent dans d'autres de ses œuvres et notamment dans l'estampe de
Cazenave, d'après lui, ayant pour titre : *Étude du dessin.*

Il existe une peinture sur toile de cette même composition, mesurant 325
millimètres de hauteur et 240 millimètres de largeur, se trouvant (en 1926)
dans les collections de M. G. J. S... Cette peinture présente avec la gouache
ci-dessus décrite quelques petites variantes dans les détails. Derrière la
statuette de plâtre, il n'y a pas de fleurs dans le vase se trouvant sur la table.
Le miroir de la gouache est remplacé par une toile à peindre sur son châssis.
La coiffure de la jeune femme assise est également modifiée, elle est retenue
par un ruban bleu et des boucles de cheveux retombent sur les épaules, etc.

Exposition de la Vie Parisienne au xviiie siècle, au musée Carnavalet,
mars-avril 1928, n° 116.

Planche 8.

BOILLY (Louis-Léopold)

10 — La Distraction.

Une jeune femme en robe d'intérieur, avec fichu croisé sur la poitrine, assise sur une chaise gondole, jouant du piano, est distraite en
baissant les yeux sur un chat qu'elle tient sur ses genoux et qu'un
jeune garçon, debout derrière la chaise, agace, pendant que sa petite
sœur regarde, craintive, l'animal.

Dessin à la plume et lavis d'encre de Chine.

Haut., 200 millim.; larg., 152 millim.

Cadre en bois mouluré, sculpté et redoré, décoré de perles et
feuilles d'eau, époque Louis XVI.

Haut., 270 millim.; larg., 215 millim.

Ce dessin a été reproduit en lithographie par le maître lui-même, en 1825,
en contre-partie de même dimension. Dans cette lithographie, qui porte le
même titre, l'enfant qui est derrière la chaise et dont on n'aperçoit que la tête
tient dans sa main, au bout d'un fil, une boule de papier; détail qui n'existe
pas sur le dessin.

Planche 8.

BOILLY (Louis-Léopold)

11 — Guignol en plein air.

Au carrefour d'un village, Guignol a installé son théâtre de marionnettes et donne une représentation. Polichinelle et un chat sont en scène. Un groupe de spectateurs de toutes conditions s'intéressent au jeu des acteurs. Au premier plan, une famille de citadins : le père, la mère et trois enfants; plus loin, près de la scène, des paysans; à gauche et à droite, des garçons, dont un tient un chien en laisse.

Dessin à la plume et lavis d'encre de Chine.

Haut., 280 millim.; larg., 350 millim.

Cadre mouluré et doré, style Louis XVI.

Collection Gadala. Vente après décès, à Paris, les 23 et 24 novembre 1923, n° 45 du catalogue, dans lequel il est reproduit.

Exposition de l'Art du théâtre, novembre et décembre, n° 186 du catalogue.

Planche 9.

BOILLY (Louis-Léopold)

12 — Le Jardin des Tuileries pendant la Restauration.

Dans l'une des allées du jardin, une nombreuse société est réunie à l'ombre des grands arbres, près d'un petit kiosque. Les mamans sont assises et attentives aux jeux des enfants. Au premier plan, au centre, deux jeunes filles font sauter à la corde une camarade plus jeune; une autre tient à la main son cerceau. A droite et à gauche, des couples se promènent. Dans le fond, on aperçoit la silhouette de l'un des pavillons du palais des Tuileries.

Dessin à la plume et au lavis d'encre de Chine. Signé en bas, à droite.

Haut., 235 millim.; larg., 325 millim.

Cadre doré.

Planche 9.

BOISSIEU (Jean-Jacques de)

Lyon, 1736 † 1810.

DEUX PENDANTS

13 — Le Bénédicité.

Dans un intérieur, une jeune maman, au corsage décolleté, est
assise auprès d'une table, tenant sur ses genoux un jeune enfant qui
dort. Debout, à droite, un petit garçon, les yeux baissés et les mains
jointes, récite sa prière avant de prendre son déjeuner. Dans le fond,
un bouquet de fleurs dans un vase.

Planche 10.

14 — Le Concert.

Une jeune femme assise joue du clavecin tandis que, à sa droite,
deux hommes, coiffés de chapeaux de feutre ornés de plumes, jouent,
l'un debout, du flageolet, l'autre assis, du violoncelle. Une jeune fille
se tient debout derrière le clavecin.

Deux dessins de forme ronde, au crayon. Signés tous deux du
monogramme : *DB,* et datés : *1792.*

Diam., 100 millim.

Cadres dorés, style Louis XVI.

Succession du comte de La Ferrière. Vente à Paris, les 2-4 décembre 1912,
n° 3.

Ont figuré, sous les n°ˢ 46 et 47, à l'Exposition internationale de Lyon, en
1914 (section rétrospective).

Planche 10.

BOREL (Antoine)
1743 † 1822.

DEUX PENDANTS

15 — La Surprise ou le Messager indiscret.

Dans un riche boudoir, une jeune femme en déshabillé galant, les jambes nues, est assise dans une bergère et prend un bain de pieds; près d'elle, sur un tabouret, joue un jeune chat. Devant elle, sa coiffeuse, chargée d'ustensiles et de fleurs, est placée à côté de la cheminée sur laquelle se voit un bouddha près d'un candélabre. Par surprise, une jeune femme costumée en laquais s'est introduite et, par-dessus un paravent bas, présente une lettre à la baigneuse qui se retourne, effrayée.

Le dessin se complète par une tablette présentant un médaillon rond cantonné de guirlandes de laurier et enrubanné, simulant le marbre, et d'un encadrement fait de moulures ornées.

Planche 11.

16 — Le Châtiment ou la Correction.

Sur un grand lit à baldaquin, garni de rideaux que drapent des nœuds d'étoffe retenus par des glands, deux jeunes femmes s'ébattent. L'une d'elles, agenouillée et penchée sur son amie dont elle relève la chemise, se dispose à la fouetter avec les roses qu'elle tient dans sa main gauche. Devant le lit, à gauche, sur une chaise basse dorée, une jupe est posée; à droite, un vase de fleurs sur une console dorée. Enfin, un petit chien, qui dormait sur un tabouret, en descend pour japper au bruit que font les deux amies.

Même tablette inférieure et encadrement que dans le dessin précédent.

Deux dessins à l'aquarelle, rehaussés de gouache sur trait de

plume. Le second signé et daté, en bas, à gauche, entre le sujet et la
tablette : *A. Borel invenit, delineavit 1787.*

Haut., 370 millim.; larg., 240 millim.

Cadres en bois mouluré, sculpté et doré, époque Louis XVI.

Vente X..., à Paris, le 23 décembre 1864.
Collection Léon Decloux. Vente à Paris, les 14-15 février 1898, n°s 11-12.
Collection Maurice Fenaille.

Ces deux aquarelles, destinées à être reproduites telles quelles par la gravure, ont en effet été gravées, sans les tablettes ni les encadrements, par
A. Giraud le jeune, mais sont restées à l'état d'eau-forte pure, n'ayant jamais
été terminées.

Ces eaux-fortes, rares d'ailleurs, ont figuré l'une ou l'autre, ou toutes deux
réunies, aux ventes des collections Behague, Wasset et Mühlbacher. Elles
portent, gravées à la pointe sèche, sous le trait carré, à gauche, l'inscription :
Borel inv. et del. et, à droite, *A. Giraud le jeune, aqua-forti.*

Planche 11.

BOUCHER (François)

Paris, 1703 † 1770.

17 — Vénus au cœur.

La déesse est représentée nue, debout, son bras gauche replié, le coude appuyé sur un disque rond au centre duquel est un cœur. Son bras droit abaissé, la main indiquant une flèche dont la pointe a percé le cœur. Son regard contemple un couple de tourterelles qui se becquètent dans une nuée.

Dessin à la pierre noire, sanguine et pastel, sur papier bleu. Signé et daté : *1754*, en bas, à gauche.

Haut., 420 millim.; larg., 290 millim.

Cadre en bois mouluré, sculpté et doré, orné en haut d'un cartel, accompagné de guirlandes et chutes de fleurs, époque Louis XV.

Vente du séquestre Mumm.

C'est probablement ce dessin qui faisait l'objet du n° 365 *bis* de la vente du cabinet de feu M. Boucher (mort en 1770), par P. Rémy, le 18 février 1771 et jour suivant, adjugé 144 liv. 1, à P. Rémy, expert dirigeant la vente, qui l'avait ainsi décrit au catalogue : « Vénus, figure debout, elle regarde deux tourterelles. Ce dessin, plein d'agrément, est à la sanguine et un peu de pastel sur papier bleu. »

Planche 12.

BOUCHER (François)

18 — L'Adoration des bergers.

L'Enfant Jésus est couché dans la crèche, éclairé d'un vif rayon de lumière et entouré de la sainte Vierge et de saint Joseph. Les bergers, à l'annonce des anges, sont accourus et se prosternent à ses pieds. A gauche, une femme tenant un panier et accompagnée d'un enfant. Au-dessus, un ange, qu'entourent des chérubins, désigne le Sauveur.

Dessin à la pierre d'Italie, lavis de bistre et rehauts de blanc.

Haut., 237 millim.; larg., 291 millim.

Cadre en bois moeluré, sculpté et doré, orné en haut d'un cartel.

Collection du marquis de Chennevières, directeur honoraire des Beaux-Arts. Vente à Paris, les 5-6 mai 1898, n° 19 du catalogue.

En bas, à gauche, le cachet de cette collection.

Cf. : F. Lugt, *Les Marques de collections*, n° 2072.

Planche 13.

BOUCHER (François)

19 — Composition mythologique.
Projet de plafond.

Sur une nuée, portée par de petits amours, Vénus est étendue accueillant Eros descendant du ciel et s'apprêtant à l'étreindre.

Dessin de forme ovale, à la plume et lavis de sépia.

Haut., 250 millim.; larg., 315 millim.

Cadre doré de style Louis XV.

Collection Jean Dubois. Vente à Paris, les 21-22 mars 1927, n° 4 du catalogue, dans lequel il est reproduit.

Planche 14.

BOUCHER (François)

20 — Le Réveil de Vénus.

La déesse est représentée nue, de trois quarts à gauche, allongée sur une draperie. La pose est abandonnée, la jambe gauche repliée, la jambe droite ainsi que les deux bras allongés. De sa main gauche, elle retient entre ses jambes, une colombe. La tête, presque de face, est inclinée vers son épaule droite et sa chevelure est retenue par un ruban.

Dessin à la pierre noire et au pastel, sur papier gris. Signé et daté : *1756,* en bas, à gauche.

Haut., 3o2 millim.; larg., 4o5 millim.

Cadre en pâte dorée, style Louis XV.

Vente après décès de M. A. P..., 20-22 novembre 1911, n° 66 du catalogue, dans lequel il est reproduit.

Ce dessin a été gravé, sous le même titre, par Louis Bonnet, en fac-similé. De même dimension, mais en contre-partie, l'estampe présente avec l'original quelques différences dans les détails; la main gauche tient des fleurs, et près d'elle se voit un cartel enguirlandé de fleurs. Cette estampe est dédiée par le graveur à Mme la marquise de Langeac.

Planche 15.

BOUCHER (François)

21 — La Confidence.

Dans un coin ombragé de grands arbres, auprès d'une fontaine
de pierre décorée d'un bas-relief sculpté représentant un groupe
d'enfants nus, deux jeunes bergères se sont assises, l'une à terre,
l'autre à sa droite, sur un tertre. La première tient à la main un
billet qu'elle lit, pendant que sa compagne, penchée vers elle, l'écoute
avec attention. A droite, se cachant dans un buisson, un berger assiste
invisible à la scène. A gauche, des chèvres, dont une, debout, tourne
la tête du côté des bergères.

Dessin à la pierre noire, sanguine et crayon blanc, sur papier gris.
Sur son ancienne monture portant, à gauche, la signature manuscrite
à la plume : *F. Boucher.*

Haut., 400 millim.; larg., 320 millim.

Cadre en bois mouluré, sculpté et doré, décor de feuilles d'eau
et entrelacs, époque Louis XV.

Ce dessin a été gravé en noir, de même grandeur, par Beauvarlet, sous le
titre ci-dessus. Le dessin du graveur se trouvait il y a quelques années dans la
collection de M. Hodgkins.

Il a été également gravé en couleurs.

Planche 16.

BOUCHER (François)

22 — Le Retour des champs.

C'est la fin de la journée, le fermier vient de descendre de son âne qui l'a ramené des champs ; il est accueilli avec joie par sa jeune femme assise à terre, à gauche, et par son bébé qui tend vers lui son bras droit pour prendre un couple de cerises que son père lui montre. A droite, une petite charrette et un chien.

Dessin à la pierre noire, crayon blanc et rehauts de gouache blanche, sur papier gris.

Haut., 293 millim. ; larg., 245 millim.

Cadre doré, style Louis XV.

Collection Cavé.
Vente Leroy, à Paris, le 19 mai 1926, n° 78 du catalogue, dans lequel il est reproduit.

Planche 17.

BOUCHER (François)

23 — Le Repos champêtre.

A l'ombre des ramures feuillagées de grands arbres, le berger et la bergère se sont assis, lui, à terre, les jambes croisées, elle, sur un tronc d'arbre et vue de dos, causant avec son compagnon. A sa gauche, un enfant, debout, lui présente une corbeille de fleurs; devant elle, un autre enfant, allongé, se repose. A droite, des moutons sous la garde du chien qui, resté debout, veille. Au second plan, derrière un arbre, de profil, une vache debout et, dans le fond, à droite, on aperçoit d'autres bergers et animaux.

Dessin au lavis de sépia sur croquis au crayon et à la plume, avec rehauts de blanc.

Haut., 25o millim.; larg., 37o millim.

Cadre en bois sculpté doré, fait de baguettes, d'époque Louis XVI.

Ce dessin a été gravé, en contre-partie, à l'eau-forte, par Huquier fils, avec le titre ci-dessus (Bibliothèque nationale, *Œuvre de Boucher,* t. II).

Planche 18.

BOUCHER (François)

24 — Paysanne portant son enfant.

Vue de face, marchant dans un sentier, une jeune paysanne, pieds nus, vêtue d'une robe à corsage décolleté, la tête enveloppée d'un foulard et coiffée d'un chapeau de paille; elle porte à chaque bras un panier et sur le droit un bébé aux jambes nues.

Dessin aux crayons de couleur et au pastel, sur papier gris.

Haut., 290 millim.; larg., 185 millim.

Cadre en bois mouluré, sculpté et doré, orné d'un nœud de ruban, de guirlandes et chutes de laurier, époque Louis XVI.

Un dessin analogue du maître figurait dans la collection du marquis de Chennevières, sous le n° 9 (vente à Paris, 5-6 mai 1898). Il présente avec celui décrit ici quelques différences. La paysanne est nu-tête et l'enfant qu'elle porte n'a pas la même pose ni la même physionomie. Les deux dessins sont, d'ailleurs, à quelques millimètres près, de la même dimension.

Planche 19.

BOUCHER (François)

25 — L'Amour menaçant.

Sous les traits d'un gros enfant joufflu, il est allongé, le haut du corps relevé et appuyé contre une draperie, tenant dans sa main gauche fermée une flèche. Le bras droit est replié et la main ouverte, la jambe droite allongée par-dessus la jambe gauche.

Dessin à la pierre noire et rehauts de blanc. Signé et daté en bas, à droite : *1761*.

Sur son ancienne monture qui porte, en toutes lettres, la marque de Glomy, frappée à sec.

Haut., 201 millim.; larg., 290 millim.

Beau cadre en bois sculpté et doré, à bords très mouvementés et abondamment orné, sur toute sa surface, de rocailles, de feuillage, de cartouches, de fleurons, de volutes ajourées et de fleurs, époque Louis XV.

Ce dessin est une étude de détail de la composition du maître, ayant été gravée sous le titre : *Le But*.

Cf. : F. Lugt, *Les Marques de collections*, n°s 1085 et 1119.

Planche 20.

BOUCHER (François)

26 — Vénus et l'Amour.

La déesse est nue sur une nuée, le haut du corps relevé, la tête inclinée vers la droite, le bras droit replié, le gauche allongé. Elle abaisse son regard vers l'Amour qui, la tête renversée, s'efforce, de ses deux bras élevés, à arracher le dernier voile qui la recouvrait encore.

Dessin aux crayons de couleur et au pastel, sur papier gris. Signé et daté en bas, à gauche : *1759.*

Sur sa monture en partie originale, signée de la lettre : *G,* frappée à froid (marque de Glomy).

Haut., 363 millim.; larg., 256 millim.

Cadre ancien en bois sculpté doré, orné de feuillages et d'un cartel à la partie supérieure.

Ancienne collection du marquis de Biron (avant 1914).
Cf. : F. Lugt, *Les Marques de collections,* n°s 1085 et 1119.

Planche 21.

BOUCHER (François)

27 — La Jeune Fille à la couronne.

Une jeune paysanne en robe à corsage décolleté et manches retroussées aux coudes, la tête enveloppée d'un foulard noué sous le menton, s'est assise sur un tertre pour se reposer des travaux de la moisson. Elle tient dans sa main droite une couronne faite d'épis qu'elle vient de tresser. Son bras gauche est replié et ramené en avant, la main entr'ouverte.

Dessin à la pierre noire et au pastel blanc, sur papier gris.

Sur son ancienne monture portant la marque : *FR.*, frappée à sec (non identifiée).

Haut., 280 millim.; larg., 338 millim.

Cadre en bois mouluré, sculpté et doré, à coins ornés ainsi que le milieu du haut, époque Louis XV.

Cf. : F. Lugt : *Les Marques de collections*, n° 1042.

Planche 22.

BOUCHER (François)

28 — Étude pour « Le Magnifique ».
Conte de La Fontaine.

La femme d'Abdobrandin est représentée en pied, assise, vue de trois quarts à droite, la jambe droite croisée sur la gauche. Elle est vêtue d'une robe à paniers, garnie d'un volant, le corsage, lacé sur le devant, est décolleté avec manches courtes, son col est orné d'une guimpe de dentelle, et de ses deux mains tenant un éventail, la volage personne écoute sans y répondre les galants propos du Magnifique.

Dessin à la sanguine. Signé à la plume, en bas, à droite.

Haut., 23o millim.; larg., 18o millim.

Cadre doré, de style Louis XV.

Ce dessin se retrouve gravé dans l'estampe de N. de Larmessin, d'après F. Boucher, pour le « Magnifique », conte de La Fontaine.

La pose et l'attitude de la femme rappellent également certains portraits de la marquise de Pompadour, peints par Boucher.

Planche 23.

BOUCHER (François)

29 — Paysanne et son enfant.

Une paysanne, les pieds nus, est assise sur un tertre, devant une barrière rustique. De face, la jambe droite allongée, la gauche repliée avec le pied posé sur une petite éminence. La tête, de profil, est coiffée d'un mouchoir; la poitrine est décolletée et son bras gauche est passé dans l'anse d'un panier appuyé sur le genou. Son bras droit s'allonge sur un repli de sa jupe où sont des fruits que convoite un enfant, pieds nus, assis près d'elle.

Dessin aux crayons de couleur et au pastel. Signature très effacée en bas, à gauche. Sur papier gris.

Haut., 276 millim.; larg., 202 millim.

Cadre en bois mouluré et doré, style Louis XVI.

Planche 19.

BOUCHER (François)

30 — La Jeune Fille à la cage.

Une jeune fille vêtue à l'espagnole, d'une ample robe à corsage décolleté lacé sur le devant, avec manches bouffantes et courtes, le col paré d'une ruche de tulle et la chevelure retenue par un ruban orné de fleurs, est assise sur un tertre, tenant de son bras gauche une cage d'osier posée sur sa hanche. Elle suit de son regard abaissé les appels d'un oiselet qu'elle s'apprête à saisir de sa main droite.

Dessin à la pierre noire et au pastel, sur papier gris.

Haut., 374 millim.; larg , 3o7 millim.

Cadre en bois mouluré, sculpté et doré, orné, à la partie supérieure, d'une agrafe à feuillage, époque Louis XV.

Collection A. Lion. Vente à Paris, des 18-19 novembre 1908, n° 11 du catalogue.

Étude pour l'un des personnages du tableau de Boucher : *La Pipée aux oiseaux,* exécuté en tapisserie à Beauvais, dans la tenture dite : *La Noble pastorale.*

Le tableau figurait à la vente Michelam, à Londres, chez Christie, en novembre 1926.

Planche 24.

BOUCHER (François)

31 — Cour de ferme.

L'entrée de la cour, faite d'une porte rustique, est placée entre la
chaumière d'habitation, à droite, et les dépendances, à gauche. Celles-ci
se composent d'une tour en ruine servant de pigeonnier, d'une grange,
et d'un hangar couvert de chaume abritant des tonneaux et des ustensiles divers. Près de ce hangar, une paysanne est accoudée sur un mur
bas. A droite, près de l'habitation, se trouve la margelle d'un puits. Au
milieu de la cour, deux enfants jouent.

Dessin à la pierre d'Italie.

Haut., 260 millim.; larg., 395 millim.

Cadre en bois mouluré, sculpté et doré, orné d'un rang de perles,
d'un petit ruban et d'un cours de feuilles d'acanthe modelées dans une
doucine, époque Louis XVI.

Ce dessin, de la première manière du maître, porte, en bas, à droite, le
cachet de la célèbre collection du duc de Warwick, vendue à Londres.

Il a conservé une partie de son ancienne monture portant, en bas, à droite,
la lettre : *G,* frappée à sec, marque de Glomy, célèbre encadreur et monteur
de dessins du xviiie siècle.

Cf. : F. Lugt : *Les Marques de collections,* n°s 1085, 1119 et 2600.

Planche 25.

BOUCHER (François)

32 — La Jeune Fille à l'oiseau.

Elle est vue de trois quarts à gauche, en buste, vêtue d'un corsage décolleté bleu recouvert d'un fichu de lingerie. La tête, à la chevelure parée de roses, de profil, ëst inclinée en avant, le regard dirigé vers un petit oiseau apprivoisé posé sur le revers de sa main droite appuyée sur sa main gauche.

Dessin aux crayons de couleur et au pastel, de forme ovale.

Haut., 320 millim.; larg., 245 millim.

Cadre de forme ovale, en bois mouluré, sculpté et redoré, orné d'une feuille d'eau et d'un rang de perles, d'époque Louis XVI. Il est enrichi, à la partie supérieure, d'une agrafe faite d'un cartouche agrémenté de feuillage.

Ce sujet a été fréquemment traité par l'artiste et dont il existe plusieurs variantes gravées, d'ailleurs très différentes des originaux : *la Fille à l'oiseau,* par Huquier; *l'Oiseau chéri,* par Daullé; *l'Oiseau privé,* par Flipart.

Planche 26.

BOUCHER (François)

33 — Projet de candélabre.

Il se compose de deux figures de femmes nues, debout, portant sur leurs quatre bras tendus en avant une sphère sur le haut de laquelle des cornes d'abondance servent de chandeliers porte-lumières. Les deux figures posent sur une nuée, à travers laquelle passent deux têtes d'angelots, et l'ensemble est sur un socle dont on ne voit que l'amorce.

Dessin à la pierre noire et rehauts de blanc, sur papier gris.

Haut., 315 millim. ; larg., 185 millim.

Cadre en bois sculpté doré, à feuillage et rais de cœur, style Louis XVI.

Deux dessins de composition analogue, représentant des amours portant des corbeilles de fleurs, figuraient, sous les nᵒˢ 7 et 8, dans la collection du marquis de Biron, vente à Paris, juin 1914.

Planche 27.

BOUCHER (François)

34 — La Caravane.

Sur un tertre dominant la route, un paysan debout, jambes nues, est vu de dos, portant sur son bras gauche un enfant; à droite, une paysanne, un panier au bras, donne un fruit à un enfant debout, appuyé contre une barrière. de bois. Ils regardent passer sur la route une caravane de nomades à pied ou à cheval, suivis de moutons.

Dessin au crayon et lavis de sépia.

Il porte, dans le coin en bas, à droite, un cachet FR, frappé à sec. Cette marque assez fréquente sur des dessins du xviiie siècle, n'a pas encore été identifiée.

Haut., 220 millim.; larg., 307 millim.

Cadre en bois mouluré, sculpté et doré, décoré de feuilles d'eau et de perles, et couronné d'un ample nœud de ruban, dont les extrémités retombent sur le côté supérieur du cadre. Époque Louis XVI.

Ce dessin est une étude pour une composition plus poussée du maître qui a été gravée en contre-partie, sous le même titre, par Huquier fils et publiée chez Buldet. Une épreuve, se trouvant au revers du cadre, présente avec le dessin quelques différences : la paysanne est accompagnée de trois enfants et le groupement de la caravane offre aussi des variantes dans la disposition et le nombre des personnages.

Cf. : F. Lugt : *Les Marques de collections*, n° 1042.

Planche 1.

BOUCHER (François)

35 — Tête de femme.

Elle est relevée, vue de profil à droite, le regard vers le ciel; les cheveux, tirés au-dessus du front et dégageant l'oreille, sont nattés et bouclés sur la nuque. Les épaules, de trois quarts à droite, sont sommairement indiquées.

Dessin aux trois crayons. Signé en toutes lettres, au crayon mine de plomb, en bas, à droite. Cachet en bas, à gauche : F. H., n° 197. C'est celui de la collection Flury-Hérard.

Haut., 214 millim.; larg., 153 millim.

Cadre en bois mouluré, sculpté et doré, à crossettes, guirlandes et chutes de fleurs, époque Louis XVI.

Ce dessin a été gravé, avec quelques légères variantes, par Gilles Demarteau l'Aîné (n° 159), avec cette indication : *tiré du Cabinet de M. de la Haye.*

Cf.: L. DE LEYMARIE : *l'Œuvre de Gilles Demarteau, graveur du roi,* p. 52, n° 159.

Cf. : F. LUGT : *Les Marques de collections,* n° 1015.

Planche 28.

BOUCHER (François)

36 — La Jeune Mère.

Elle est vue à mi-corps, debout, son bras droit entourant son bébé emmailloté et dormant, posé sur une balustrade de pierre et appuyant sa tête sur l'épaule de sa mère. A gauche et à droite, trois têtes d'hommes.

Dessin à la pierre noire rehaussé de blanc, sur papier gris.

Haut., 33o millim.; larg., 270 millim.

Cadre en bois mouluré et doré, orné, en haut, d'une agrafe faite d'un cartel feuillagé, style Louis XV.

Cette composition a été gravée en fac-similé par Louis Bonnet.

Planche 29.

BOUCHER (François)

37 — Études de têtes.

SUR LA MÊME FEUILLE, HUIT ÉTUDES :

En haut, à gauche, buste de femme de face, la tête coiffée d'un turban, penchée vers la droite; un peu plus bas et à droite, un buste de femme à la chevelure relevée, nattée et retenue par un ruban, penché vers la gauche. En bas, au centre, buste de femme de profil, coiffée d'un mouchoir, tenant un enfant dont la tête s'appuie sur son épaule. De chaque côté, derrière elle, quatre têtes d'hommes plus sommairement dessinées.

Dessin à la pierre noire rehaussé de blanc, sur papier gris.

Haut., 33o millim.; larg., 23o millim.

Cadre en bois mouluré et doré, orné, en haut, d'une agrafe faite d'un cartel feuillagé, style Louis XV.

Planche 29.

BOUCHER (François)

38 — Le Repas chinois.

Composition à personnages chinois. Dans un jardin, près d'une
habitation rustique, des personnages sont réunis, prenant le repas
que vient de préparer une jeune femme assise à gauche, donnant la
bouillie à son enfant qu'elle tient appuyé sur son bras. Au premier
plan, une mare.

Dessin au crayon rehaussé de sanguine.

Haut., 174 millim.; larg., 244 millim.

Cadre en bois moularé et doré, orné d'une agrafe faite d'un fleuron
feuillagé, époque Louis XV.

Ce dessin est une étude du maître pour l'esquisse d'un modèle de tapisserie
de la *Tenture chinoise,* exécutée à Beauvais vers 1734. Les cartons de cette
tenture furent, comme on sait, peints par Dumont, d'après les esquisses de
F. Boucher.

Planche 30.

BOUCHER (François)

39 — Le Retour du marché.

Au centre, au premier plan, une paysanne debout, vue de trois quarts à gauche, tient un panier à anse; appuyée de ses deux bras sur son épaule droite, une autre femme est près d'elle et, à droite, une troisième se tient debout, maintenant en équilibre sur sa tête un vase en s'aidant de ses deux bras élevés. A gauche, deux femmes dont on n'aperçoit que le buste.

Dessin à la pierre noire et rehauts de blanc, sur papier gris.

Haut., 3oo millim.; larg., 235 millim.

Cadre mouluré, orné et doré, époque Louis XVI.

Planche 31.

BOUCHER (François)

40 — Retour à la ferme.

Dans la campagne, vue de face, une paysanne s'avance pieds nus, tenant sur son épaule droite sa houlette passée dans l'anse d'un panier. Près d'elle, un garçonnet, les cheveux ébouriffés et jambes nues, tenant à sa main un panier, marche à son côté. A droite, un autre enfant s'efforce en vain de pousser un petit chariot.

Dessin à la pierre noire et rehauts de blanc, sur papier gris.

Haut., 3oo millim.; larg., 23o millim.

Cadre mouluré, orné et doré, époque Louis XVI.

Planche 31.

CHATELET (Claude-Louis)
Paris, 1753 † 1794.

41 — Grotte de Sainte-Rosalie
au haut du mont Pelegrino, près Palerme.
(Sicile.)

PENDANT DU SUIVANT

Le mont Pelegrino, à l'extrémité N.-O. du golfe de Palerme est une montagne isolée de 597 mètres d'altitude, qu'on reconnaît de loin à sa forme caractéristique. Sous un rocher de la cime la plus élevée, où l'on ne peut monter que très difficilement de l'autre côté, est la grotte Sainte-Rosalie, transformée en chapelle ; la maison, à gauche, est la demeure des prêtres qui la desservent. C'est dans cette grotte qu'on découvrit, en 1664, les ossements de la sainte, transportés à Palerme. C'est la patronne du peuple qui se rend en masse en pèlerinage sur la montage le lundi de la Pentecôte.

C'est probablement en ce jour que Chatelet a exécuté ce dessin.

Dessin à la plume et lavis d'aquarelle. Il est signé en toutes lettres, au revers du cadre, sur un feuillet au-dessous de l'inscription autographe de l'artiste indiquant l'endroit dans les termes du titre ci-dessus.

Haut., 155 millim.; larg., 250 millim.

Cadre mouluré, orné et doré, style Louis XVI.

Planche 32.

CHATELET (Claude-Louis)

42 — Vue d'un Château ou Forteresse gothique bâtie sur le haut du mont Erix.

(Près Trapani, Sicile.)

PENDANT DU PRÉCÉDENT

Le mont Erix ou Eryx, des Anciens, est aujourd'hui le mont San Guiliano, non loin de Trapani (N.-O. de la Sicile), montagne isolée, haute de 571 mètres, au sommet de laquelle se trouve une petite ville. A son entrée, se trouve la cathédrale avec campanile et, plus haut, le château ou forteresse. C'est ce dernier monument que l'artiste a représenté en agrémentant la composition de petits groupes de personnages.

Dessin à la plume et lavis d'aquarelle. Il est signé en toutes lettres, au revers du cadre, sur un feuillet au-dessous de l'inscription autographe de l'artiste indiquant l'endroit dans les termes du titre ci-dessus.

Haut., 155 millim.; larg., 250 millim.

Cadre mouluré, orné et doré, style Louis XVI.

Ces deux dessins ont dû être exécutés pour illustrer le *Voyage en Sicile*, de l'abbé de Saint-Non, et probablement gravés.

Planche 32.

CHOFFARD (Pierre-Philippe)

Paris, 1730 † 1809.

43 — Cadre ornementé pour une « Invitation ».

De forme rectangulaire, en travers, cet encadrement se compose d'un cadre mouluré sur trois côtés, avec coins à volutes feuillagées; le côté inférieur fait d'une tablette enguirlandée de fleurs, avec console saillante au centre, sur laquelle est posée une corbeille fleurie entre deux amours dont l'un tient deux colombes qui se becquètent. Appuyés sur les montants, à droite, des instruments de musique et, à gauche, un écusson d'armoiries entouré d'un collier d'ordre et timbré d'une couronne. Le côté supérieur du cadre comprend une tablette en saillie, avec médaillon central ovale contenant deux petits amours qui s'embrassent et, au-dessus, une couronne de roses et deux torches enflammées. A droite et à gauche de la tablette, deux amours, l'un tenant une marotte de folie, l'autre un masque tragique; tous deux retiennent des festons et guirlandes de fleurs qui s'accrochent aux coins du cadre et retombent en chutes sur les côtés.

Dessin à la plume et lavis de bistre.

Haut., 135 millim.; larg., 175 millim.

Cadre en bois mouluré, sculpté et doré, époque Louis XVI.

Ce dessin a été reproduit en photogravure pour la carte d'entrée à l'Exposition particulière de la première vente Kraemer, à la galerie Georges Petit, le 26 avril 1913.

Planche 33.

CHOFFARD (Pierre-Philippe)

44 — Frontispice pour un cahier de musique.

Dans un encadrement fait de légères arabesques ornementées de volutes feuillagées portant des vases chargés de fruits, des culots enrubannés et des oiseaux; à la partie supérieure, une lyre, symbole d'Apollon, rayonne sur des nuées, au-dessous desquelles voltigent quatre petits amours soutenant des guirlandes de fleurs. Au-dessous de l'emplacement réservé à l'inscription, quatre autres petits cupidons retiennent ou soulèvent des festons fleuris formant guirlandes.

Dessin à la plume et lavis de bistre.

Haut., 288 millim.; larg., 196 millim.

Cadre mouluré, orné et doré, style Louis XVI.

Planche 34.

CHOFFARD (Pierre-Philippe)

45 — Cadre ornementé.

Au-dessous d'un groupe d'amours au nombre de sept, dans des attitudes mouvementées et variées, tenant chacun un des attributs de l'Amour : arc, carquois, flèches, torche, etc., et se détachant sur un fond irradié, sont suspendus, de chaque côté, des festons de feuillage fleuri se rejoignant à la base en branchages croisés de roses et laurier.

Dessin à la plume et lavis d'encre de Chine et découpé en ovale.

Haut., 230 millim.; larg., 175 millim.

Cadre en bois mouluré, sculpté et doré, époque Louis XVI.

Planche 34.

CLODION (Claude Michel, dit)

Nancy, 1738 † Paris, 1814.

46 — Groupe d'enfants symbolisant l'Automne.

C'est une esquisse du sculpteur pour un groupe d'amortissement.

Sur un socle, une aiguière est renversée, laissant échapper le vin qu'un enfant nu, à droite, cherche à retenir avec sa main; assis sur la panse de l'aiguière, un autre enfant, nu également, et déjà ivre, tient dans sa main droite une grappe de raisin et, dans sa gauche, l'extrémité d'une draperie flottant autour de son buste.

Dessin à la pierre noire et rehauts de blanc, sur papier gris.

Haut., 235 millim.; larg., 290 millim.

Cadre en bois mouluré et doré, style Louis XV.

Planche 30.

COCHIN le Fils (Charles-Nicolas)
Paris, 1715 † 1790.

47 — Projet de Mausolée,
pour le Dauphin, fils de Louis XV,
et la Dauphine, Marie-Josèphe de Saxe,
à la cathédrale de Sens.

Il représente une allégorie composée du Temps, tenant un sablier et accrochant une draperie sur les urnes funéraires. Près de lui, se tient debout un Génie tenant un flambeau renversé. Dans la nuée qui les soutient, se voient de petits enfants nus dont un, de face, montre une chaîne brisée enguirlandée de fleurs.

Dessin à la sanguine.

Haut., 270 millim.; larg., 185 millim.

Cadre doré, style Louis XVI.

Ce dessin de Cochin n'est qu'un projet et le monument exécuté par Guillaume II Coustou, en 1766-1767 en diffère très sensiblement. Il se compose de quatre statues représentant la Religion, l'Immortalité, le Temps et l'Amour conjugal, et de deux Génies, l'un montrant une chaîne de fleurs brisée et l'autre s'appuyant sur une sphère.

Le tombeau, qui ornait avant la Révolution le chœur de la cathédrale de Sens (Yonne), a été transporté ensuite dans la chapelle Sainte-Colombe de la même église, où il se trouve aujourd'hui.

Il fut commandé par le marquis de Marigny, pour le compte du roi, père du Dauphin, et exécuté par Coustou de 1766 à 1767, d'après un dessin de Cochin.

Le modèle en plâtre fut exposé en 1769 dans l'atelier de Coustou et le marbre en 1777. Ce monument a été payé à l'artiste 150.000 livres.

Cf. : Stanislas Lami : *Dictionnaire des Sculpteurs de l'École française du XVIIIe siècle*, tome Ier, pp. 239-240; *Chroniques de l'Œil-de-Bœuf*, tome V, p. 88.

Planche 35.

COCHIN le Fils (Charles-Nicolas)

48 — Portrait de femme, à haute coiffure.

Elle est représentée en buste, de trois quarts vers la droite, assise sur une chaise garnie de soie à rayures. Elle est vêtue d'une robe décolletée avec manches courtes ornées d'engageantes de dentelle; les épaules et la poitrine recouvertes d'une guimpe de batiste froncée. Une coiffe de fine lingerie couronne le sommet de sa chevelure relevée en arrière et au-dessus du front.

Dessin à la pierre noire. Signé et daté au milieu, en bas, au-dessous du trait d'encadrement : *C. N. Cochin f. delin. 1781.*

Haut., 165 millim.; larg., 115 millim.

Cadre en bois mouluré, sculpté et doré, décor d'oves, époque Louis XVI.

Planche 36.

COCHIN le Fils (Charles-Nicolas)

49 — Portrait de femme.

Elle est représentée en buste, de trois quarts à droite, le regard du même côté. Son corsage est recouvert sur la gorge, les épaules et la poitrine, d'un fichu de linon croisé devant et fermé par un nœud de ruban. Sa chevelure est relevée très haut sur le sommet de la tête, avec boucles en rouleaux sur les côtés, et ornée d'une large coiffe de linon à fronces, parée de ruban et de fleurs.

Dessin au crayon noir. Signé et daté au-dessous, au milieu : *C.-N. Cochin, delin. 1776.*

Haut., 160 millim.; larg., 115 millim.

Cadre en baguettes de bois mouluré, sculpté et doré, à rangée de perles, époque Louis XVI.

Planche 36.

COCHIN LE FILS (Charles-Nicolas)

50 — Portrait
de Messire Jean Pâris de Montmartel.

Le financier est représenté presque de face, en pied, assis sur une chaise dans son cabinet. Il est vêtu d'un habit de velours brodé et d'une culotte courte, chaussé de souliers à boucles. Les jambes sont croisées, la gauche sur la droite, et les deux mains fermées et posées sur les jambes. L'intérieur de son cabinet, luxueusement meublé et garni d'objets d'art précieux, dénonce la fastueuse opulence du maître de céans. Sur un fond de tentures somptueuses, un imposant paravent en bois doré tendu de damas, développe ses quatre feuilles. A droite, est un grand bureau à cylindre, enrichi de marqueteries et chargé de bronzes de Caffiéri; derrière ce meuble, une pendule monumentale à plusieurs cadrans, tout en bronze ciselé. A gauche, sur un support ajouré et reposant sur une délicate console mouvementée de bois doré, le célèbre marbre de J.-B. Pigalle, *l'Enfant à la cage*, aujourd'hui au musée du Louvre.

Dessin au crayon mine de plomb, entouré d'un encadrement dessiné avec tablette inférieure portant, au centre, les armoiries de Pâris de Montmartel.

Haut., 620 millim. ; larg., 430 millim.

Cadre en bois mouluré, sculpté et doré, d'époque Louis XV. Il est enrichi, au milieu du côté supérieur, d'un cartel à rocailles avec ailes et palmes.

Ancienne collection Jacques Doucet (avant 1912).

Vente anonyme, à Paris, le 2 avril 1909, n° 19 du catalogue, dans lequel il est reproduit.

Exposition : les Grands Salons littéraires au musée Carnavalet, mars-avril 1927, n° 91.

Ce dessin est l'original d'après lequel Cathelin, graveur, exécuta sa célèbre planche gravée de même grandeur, exposée au Salon de 1775, sous le n° 298.

D'après l'inscription gravée sur cette estampe, tous les détails de décoration

Intérieure et de l'habillement sont de l'invention de Cochin; seule la tête du personnage est la traduction d'un portrait peint au pastel par le célèbre Maurice Quentin de La Tour.

Jean Pâris de Montmartel était l'un des quatre frères Pâris, dont le plus célèbre fut Pâris Duverney, le fameux financier du roi Louis XV, Jean fut Garde du Trésor en 1730, puis banquier de la Cour. Il fut fait Comte de Sampigny, puis Marquis de Brunoy.

Planche 37.

COCHIN le Fils (Charles-Nicolas)

51 — Portrait de Mme Chardin.
(Née Françoise-Marguerite Pouget, à l'âge de 48 ans.)

La femme de J.-B.-S. Chardin est vue en buste, de profil à gauche, dans un médaillon ovale. Elle est vêtue d'un corsage lacé sur le devant, avec volants aux épaules; la gorge est recouverte d'un fichu et le col est paré de tulle noir froncé. Une barbe de dentelle et quelques fleurettes ornent sa chevelure.

Dessin au crayon. Signé et daté au milieu, en bas, au-dessous de l'encadrement : *Dessiné par Cochin le fils, 1755.*

Haut., 163 millim.; larg., 140 millim.

Cadre en bois mouluré, sculpté et doré, orné de perles, rais de cœur et feuillage, époque Louis XVI.

A rapprocher ce portrait d'un autre dessin du même artiste et représentant la même personne plus âgée.

Voir le n° 53 du présent catalogue.

Planche 38.

COCHIN le Fils (Charles-Nicolas)

DEUX PENDANTS

52 — Portrait du peintre Jean-Baptiste-Siméon Chardin.

Il est représenté de profil à gauche, dans un médaillon rond. Il est vêtu d'un habit brodé à fleurs et coiffé de la perruque.

Dessin de forme ronde, au crayon. Signé et daté en bas : *C. N. Cochin f. delin. 1776.*

Diamètre., 100 millim.

Cadre moderne rond, en bois mouluré, sculpté et doré, à canaux, style Louis XVI.

Planche 39.

53 — Portrait de Mme Chardin, femme du peintre.
(Née Françoise-Marguerite Pouget.)

Elle est vue en buste, de trois quarts vers la droite. Son corsage montant est orné d'une ruche croisée sur la poitrine ; un ruban plissé orne son col, et sa coiffure est enfermée dans un bonnet garni de dentelle et serré par un ruban noué au-dessus du front.

Dessin de forme ronde, au crayon, très légèrement rehaussé de couleur.

Diamètre., 100 millim.

Cadre rond, en bois mouluré, sculpté et doré, décor de canaux, style Louis XVI.

Le portrait de Chardin a été gravé de même grandeur, en contre-partie, par J.-F. Rousseau.

Celui de Mme Chardin a été gravé de même grandeur, en contre-partie, par Laurent Cars.

Une épreuve photographique de chacune de ces gravures est collée au revers de chaque cadre.

Planche 39.

COCHIN LE FILS (Charles-Nicolas)

54 — Le Chanteur de cantiques, dans les rues de Paris.

Dans un carrefour de Paris, probablement aux alentours des Halles, un chanteur de cantiques, monté sur des tréteaux, indique à ses auditeurs, au moyen d'un bâton, les épisodes de la Passion représentés sur un grand diptyque accroché au mur d'une maison. Il chante en même temps et tient dans sa main gauche les feuillets des cantiques qu'il débitera aux amateurs. Parmi ceux-ci, on voit, au centre, une vendeuse de fruits tenant devant elle son éventaire, un homme chauve, son chapeau à la main ; plus à droite, une porteuse d'eau ; derrière elle, un homme, de son bras levé, tend une pièce de monnaie. A gauche, des soldats du guet.

Dessin à la sanguine et rehauts de blanc, sur papier gris.

Haut., 315 millim.; larg., 250 millim.

Cadre mouluré, orné et doré, style Louis XVI.

Ce dessin a été gravé par Madeleine Cochin, en contre-partie, avec ce quatrain de Lépicié :

Au sermon du chanteur, quoiqu'on ait l'âme émue,
Chacun y va toujours son train.
Le soldat y fait sa recrue
Et le filou son coup de main.

Exposition de la Vie parisienne au xviiiᵉ siècle, au musée Carnavalet, mars-avril 1928, n° 134.

Planche 35.

COCHIN LE FILS (Charles-Nicolas)

55 — Portrait d'enfant, de Gandelu.

C'est un petit enfant de la campagne. Il est vu de face, en buste, dans un médaillon ovale entouré d'un encadrement. Il est vêtu d'un corselet recouvrant une chemisette coulissée autour du cou qui est paré d'un collier d'ambre à deux rangs. Un toquet de velours orné de plumes est posé sur sa tête qu'enserre un bonnet bordé de dentelle.

Dessin à la pierre noire. Signé et daté au milieu, en bas, au-dessous de l'encadrement : *Dessiné par C.-N. Cochin le fils, à Gandelu, 1771.*

Sur sa monture originale et dans son cadre primitif.

Haut., 120 millim.; larg., 108 millim.

Cadre en bois doré, époque Louis XVI.

Gandelu est un petit village champenois, où Cochin allait se reposer l'été au milieu de ses amis. Un certain nombre de ses ouvrages sont datés de ce village, entre autres un portrait de l'abbé Pommyer, gravé sous le titre : *le Paysan de Gandelu.*

Planche 38.

COCHIN LE FILS (Charles-Nicolas)

56 — Cartel ornementé.

Ce cartel est formé de nombreux petits génies disposés, isolés ou par groupes, sur des nuées et tenant chacun un attribut ou emblème relatif aux Sciences, aux Arts, à l'Histoire, etc. Au centre du haut, l'un des génies tient en sa main gauche un cordage auquel sont suspendues trois règles graduées.

Dessin à la sanguine.

Haut., 330 millim.; larg., 470 millim.

Cadre Louis XVI, en bois mouluré, sculpté et doré, décoré d'un rang de perles et d'un cours de feuilles d'acanthe.

Ce dessin a été gravé pour l'*Abrégé de l'Histoire de France*, du Président Henault. Une épreuve est collée derrière le cadre.

Collection Rosot, vente du 9 juin 1928, n° 8.

Planche 33.

DANLOUX (Henry-Pierre)
Paris, 1753 † 1809.

57 — Portrait de Madame Danloux, femme de l'artiste.
(Née Marie-Pierrette-Antoinette de Saint-Redan.)

Elle est vue en buste, de profil à droite, et vêtue d'un corsage recouvert d'un fichu de lingerie croisé sur la poitrine; la chevelure frisée est coiffée d'un grand chapeau posé sur l'arrière de la tête et garni d'un large ruban noué et de fleurs.

Dessin de forme ovale, au crayon noir. Signé à droite, vers le bas, et daté : *1784.*

Haut., 250 millim.; larg., 220 millim.

Cadre en bois mouluré, sculpté et doré, orné d'un rang de perles et couronné d'un nœud de ruban passé dans un anneau simulé, époque Louis XVI.

Vente anonyme, à Paris.

Cité dans : Baron ROGER PORTALIS, *Henry-Pierre Danloux, peintre de portraits et son Journal pendant l'émigration*, pp. 27, 28. Reproduit dans cet ouvrage, p. 28.

Le baron Roger Portalis, dans son beau livre consacré à H.-P. Danloux, reproduit ce portrait et raconte en détail l'histoire du mariage de l'artiste avec Mlle de Saint-Redan.

En voici un extrait relatif au dessin décrit et qui est le premier portrait fait par Danloux de sa future femme.

« ... Revenons à la gracieuse silhouette, placée au second plan dans le tableau des Serilly, à cette jeune fille à la mine éveillée et malicieuse sous son grand chapeau de feutre et qui semble, non sans raison, être de la famille, à Mlle de Saint-Redan. Danloux l'a-t-il pour la première fois rencontrée à Paris, au sortir du couvent, comme l'affirme son petit-fils, ou bien plutôt au château de Passy? Dès 1784, en tout cas, il la voit auprès de sa mère adoptive, la baronne d'Etigny, puisqu'il dessine ses traits en un de ses délicats profils qu'il excelle toujours à tracer. Elle a dix-huit ou dix-neuf ans ; l'artiste nous la montre tendre, naïve et fine, sous une large coiffure chargée de fleurs ... »

Danloux refit l'année suivante un autre dessin de Mlle de Saint-Redan ; il obtint de faire sa cour, encouragé par le bon vouloir de Mme d'Etigny, et celle-ci lui accorda la main de sa fille adoptive.

Le mariage eut lieu le 27 juillet 1787. Dès le lendemain, les nouveaux époux partirent pour l'Italie. Ils passèrent deux ans à Rome où Mme Danloux accoucha d'un fils qui mourut pendant leur retour en France, au début de 1789.

Marie-Pierrette-Antoinette de Saint-Redan, née le 11 avril 1765, fille de Messire Antoine de Saint-Redan, officier dans les troupes du Roi, et de Dame Pierrette Taban, son épouse. Mariée le 27 juillet 1787, à Henry-Pierre Danloux. veuve le 4 janvier 1809 ; remariée en deuxièmes noces, à Paris, le 2 mai 1822, à Gabriel Cochet de Corbeaumont, comte de Busnes ; morte le 21 janvier 1844.

Dans la vente de la collection de tableaux anciens, appartenant à M. M. P. (Marius Paulme), le 22 novembre 1923, figurait, sous le n° 67, un délicieux petit tableau par Ménageot (signé) représentant Mme Danloux allaitant son fils, pendant son séjour à Rome, en 1788. Ménageot était alors Directeur de l'Académie de France et ami du ménage Danloux.

Planche 26.

DEBUCOURT (Philibert-Louis)

Paris, 1755 † 1832.

58 — Les Joies maternelles.

La scène se passe dans un jardin devant la fenêtre ouverte de l'habitation de famille. C'est la fête de la maman; celle-ci, à gauche, assise sur un banc de pierre, tend ses deux mains vers un petit garçon blondinet qui, debout, soutenu par sa grande sœur, présente à sa maman un plateau chargé de fruits. Derrière l'appui de la fenêtre, le papa assis et la soubrette debout sont en admiration. Sur la droite, un laurier dans sa caisse et, formant guirlande sur la fenêtre, un branchage de vigne chargé de grosses grappes de raisin.

Dessin au crayon noir rehaussé de gouache. Signé de l'initiale : *D.*, en bas, à gauche.

Haut., 450 millim.; larg., 360 millim.

Cadre en bois mouluré, sculpté et doré, époque Louis XVI.

Ce dessin paraît être celui passé à la vente du baron Franchetti, à Paris, 8-9 mars 1894, n° 171, sous le titre : *L'Heureuse Famille.* Le doute subsisterait en ce qu'il est mentionné comme étant signé du monogramme, *à droite,* au lieu de gauche.

Collection A. Lion. Vente à Paris les 18-19 novembre 1908, n° 19, sous le titre : *L'Offrande de bébé.* Il est reproduit au catalogue. Repris par le vendeur.

Succession de Madame A. Lion. Vente à Paris, les 22-23 mai 1919, sous le n° 13, avec le titre : *L'Heureuse Famille.*

Ce dessin a figuré, sous le n° 33, à l'Exposition Debucourt, du 11 juin au 11 juillet 1920, au musée des Arts Décoratifs. Reproduit au catalogue (p. 55) rédigé par M. A. Vuaflart.

Exposition de la Vie parisienne au XVIIIᵉ siècle, au musée Carnavalet, mars-avril 1928, n° 135.

Ce dessin n'a pas été gravé; il forme pendant, comme sujet et dimensions, aux *Plaisir paternels, dédiés aux Bons Papa,* estampe en couleurs, gravée par Debucourt d'après sa composition, vers 1798. Il faut remarquer que cette estampe porte la mention : *Peint et gravé...,* alors qu'il faudrait lire : *Peint, dessiné et gravé...* En effet, le *dessin* original des *Plaisirs paternels,* signé : D. B. (35 × 45) a passé à la vente Adolphe Fould, Paris 14-15 mai 1875, n° 81, sous le titre : *Le Grand-père.* (Note de M. A. Vuaflart.)

Planche 40.

DEBUCOURT (Philibert-Louis)

59 — La Galerie (du Palais-Royal).

C'est la promenade à la mode sous le Directoire, dans la Galerie de bois, au Palais-Royal. Incroyables, muscadins et merveilleuses, font la parade devant la boutique d'une marchande de modes. C'est en somme le même sujet, traité différemment, que l'auteur avait déjà interprété, en 1787, dans son estampe célèbre : *Promenade de la Galerie du Palais-Royal.*

Dessin à la plume et lavis d'encre de Chine. Au-dessous du sujet, en bas, au milieu, de la main du maître, l'inscription : *La gallerie.*

Haut., 235 millim.; larg., 290 millim.

Cadre en bois mouluré, sculpté et doré, décor de feuilles, époque Louis XVI.

D'après les modes, il convient de dater ce dessin, dans l'œuvre du maître, environ l'année 1799-1800, c'est-à-dire en même temps que les deux pièces gravées par lui et publiées le premier jour du xix⁰ siècle · *les Visites* et *l'Orange.*

Exposition de la Vie Parisienne au xviii⁰ siècle, au musée Carnavalet, mars-avril 1928, n⁰ 136.

Planche 41.

DELAFOSSE (Jean-Charles)

Paris, 1734 † 1789.

60 — Projet de moutardier, en orfèvrerie.

Il affecte la forme d'une petite aiguière basse, à anse contournée et couvercle formé d'une coquille. Le corps est creusé de cannelures obliques et le culot, à rocailles, se compose de quatre coquilles. Le piédouche, très fantaisiste, présente des volutes et feuillage.

La cuiller, dont on ne voit que le manche est également ornée d'une coquille et de feuillage.

Dessin à la plume et lavis d'encre de Chine. Signé en bas, à gauche, des initiales : *J. C. D.*

Haut., 175 millim.; larg., 130 millim.

Cadre en bois mouluré, sculpté et doré, orné d'une agrafe feuillagée, époque Louis XV.

Planche 46.

DEMACHY (Pierre-Antoine)
Paris, 1723 † 1807.

61 — Le Marchand d'orviétans.
Sur le Pont-Neuf à Paris.

Sur le Pont-Neuf, la foule s'est arrêtée pour faire cercle autour du tréteau d'un émule de Tabarin qui, debout, présente à son public bouche bée, un flacon d'élixir dont il vante les vertus magiques. Près de lui, se tient un patient bénévole. Tous deux sont, ainsi que les badauds, vivement éclairés par la lueur des torches allumées sur l'estrade. Derrière le marchand, sur une bannière illustrée, on lit : *Par permission de M. le lieutenant de Police.* Dans la foule sont mêlés des gens de diverses conditions, des hommes et femmes de qualité, des ménagères, des soubrettes, un porteur d'eau, des petits commissionnaires. A droite, un enfant veut se faire porter par son père pour mieux voir. Dans le fond, de gauche à droite, on aperçoit une partie de la colonnade du Louvre et les maisons du quai (aujourd'hui en partie disparues).

Dessin à l'aquarelle et à la gouache. Signé et daté en bas, à gauche. (Date incertaine.)

Haut., 212 millim.; larg., 302 millim.

Cadre en bois mouluré, sculpté et doré, décor de feuilles d'eau, ruban et perles, style Louis XVI.

Collection Albert Lehmann. Vente après décès, à Paris, le 8 juin 1925, n° 149 du catalogue, dans lequel il est reproduit.
A figuré à l'Exposition rétrospective de la Ville de Paris, en 1900.
Exposition de la Vie Parisienne au XVIII° siècle, mars-avril 1928, n° 141.

Cité et reproduit dans *Boucher (François) : le Pont-Neuf,* tome II, p. 153.

Planche 42.

DEMACHY (Pierre-Antoine)

Paris, 1723 † 1807.

62 — La Statue d'Henri Quatre,
sur le terre-plein du Pont-Neuf, à Paris.

On voit, à droite, la statue équestre d'Henri IV sur son piédestal; un charriot dételé apporte des matériaux nécessaires à la réparation du terre-plein et des parapets qui l'entourent. Des ouvriers circulent. Au premier plan, une marchande de fruits tenant une manette, et deux paniers devant elle. A gauche, un groupe de trois hommes et un chien.

Dessin à la plume et lavis de sépia. Signé au revers.

Sur son ancienne monture portant, frappé à sec, le cachet de collection FR (non encore identifié).

Haut., 150 millim.; larg., 205 millim.

Cadre mouluré, orné et doré, style Louis XVI.

Vente anonyme de dessins, à Amsterdam, les 24-25 janvier 1922, n° 156. Reproduit dans le catalogue.

Cf. : F. LUGT, *les Marques de collections*, n° 1042.

Planche 43,

DESFRICHES (Aignan-Thomas)

Orléans, 1715 † 1800.

DEUX PENDANTS

63 — Le Pêcheur.

Aux environs d'Orléans, au bord du Loiret et au milieu d'un bouquet d'arbres, on voit une habitation contiguë à un moulin, à laquelle on accède par un petit pont. Tout à fait à gauche, un pêcheur à la ligne est assis sur la berge.

Dessin au crayon sur papier plâtré, dit « à tablettes ». Signé en bas à gauche, et daté : *1782.*

Haut., 90 millim.; larg , 147 millim.

Planche 44.

64 — La Charrette.

Toujours au bord du Loiret, se trouve une maison; plus loin, au delà d'un petit pont de pierre, un moulin. Sur la berge, une charrette attelée et, au premier plan, à gauche, un paysan, sa femme et son chien.

Dessin au crayon sur papier plâtré.

Haut., 90 millim.; larg., 147 millim.

Cadres en bois mouluré, doré, époque Louis XVI.

Ces deux dessins sont encore sur leurs anciennes montures et dans leurs cadres primitifs. Au revers du cadre du premier de ces dessins, se trouve la signature et le paraphe autographe de l'artiste et la date.

Desfriches est l'inventeur du dessin sur papier à tablettes et le fondateur de l'École de Peinture, Sculpture et Architecture d'Orléans.

Planche 44.

DUMONSTIER (Daniel)

Paris, 1574 † 1646.

65 — Portrait d'un homme de qualité.

Il est représenté en buste, presque de face, légèrement tourné vers
'a gauche. Il est revêtu de son armure et une écharpe est passée sur
son épaule droite. Son visage imberbe, au front découvert, émerge
d'une collerette tuyautée bordée de dentelle. Les cheveux sont relevés
sur le haut de la tête ainsi que sur les côtés. Un anneau d'or pend à
son oreille.

Dessin au crayon noir et à la sanguine, rehaussé d'aquarelle.

Haut., 290 millim.; larg., 210 millim.

Cadre en bois mouluré, sculpté et doré; décor de feuilles d'eau,
petit ruban et culots de feuillage. Époque Louis XIII.

Cachet de la collection H. Detmold, dans le coin inférieur droit.

Collection Lebeuf de Montgermont. Vente à Paris, les 16-19 juin 1919,
n° 231.

Cf. : F. Lugt, *Les Marques de collections,* n° 760.

Planche 45.

DUSART (Cornélis)
Harlem, 1660 † 1704.

66 — La Vieille Nourrice.

Dans un intérieur rustique, une vieille femme est assise de trois quarts à droite; elle est coiffée d'un foulard recouvrant un bonnet. Sur ses épaules est jetée une pèlerine et, sur ses genoux recouverts d'un tablier blanc, elle tient un bébé qu'elle vient de retirer de son berceau pour procéder à sa toilette. Elle le tient par un pied, de sa main gauche, tandis que, de sa main droite, elle va se livrer à un nettoyage indispensable. Derrière elle, un placard est ouvert. Au fond, éclairant la pièce, on aperçoit une fenêtre fermée garnie de vitraux.

Dessin aux crayons de couleur et lavis d'aquarelle.

Haut., 142 millim.; larg., 121 millim.

Cadre en bois sculpté doré, époque Louis XIV.

Planche 2.

ECOLE FRANÇAISE (XVIIIe siècle)

67 — Feuille d'études.

Sur une même feuille, trois études de personnages dans des attitudes de danse.

A gauche, un homme debout, vu de face, les bras pliés, les mains
réunies dans les manches.

Au centre, un homme debout, vu de dos, les mains sur ses hanches,
posant sur sa jambe droite, la gauche élevée, lancée de côté.

A droite, une femme debout, vue de face, le haut du corps penché
en avant, son bras droit pendant, le gauche allongé horizontalement.

Dessin à la sanguine.

Haut., 172 millim.; larg., 250 millim.

Cadre en bois sculpté, ajouré et doré, orné, aux coins et milieux,
de motifs à coquille, volutes et feuillage fleuri, époque Louis XV.

Planche 43.

ÉCOLE FRANÇAISE (xviiie siècle)

68 — Portrait de jeune femme peintre.

Elle est représentée en buste, de profil à gauche, vêtue d'un corsage décolleté bordé de fourrure. Sa chevelure, relevée et retombant en rouleaux sur les oreilles, est ornée d'une coiffe de linon et dentelle avec plume.

Le portrait s'inscrit dans un médaillon ovale entouré d'un cadre surmonté d'un nœud de ruban liant des chutes de fleurs; au-dessous du cadre, sont disposés des petits sujets et attributs divers relatifs au dessin et à la peinture.

Dessin à la plume et lavis.

Haut., 230 millim.; larg., 165 millim.

Cadre mouluré, peint et doré, style Louis XVI.

Planche 28.

ÉCOLE FRANÇAISE (xviiie siècle)

69 — Le Graveur.

Il est vu de dos, assis sur une chaise à haut dossier, courbé et appliqué sur sa table de travail placée près d'une fenêtre dont le jour est tamisé par un écran incliné accroché à la muraille. A sa droite, sur la table, un burin et des pièces de monnaie. Il est vêtu d'une ample robe de chambre et coiffé d'un tricorne.

Dessin à la sanguine.

Haut., 225 millim.; larg., 175 millim.

Cadre en bois sculpté et doré, à coins ornés de cartels, volutes et feuillage, époque Régence.

Planche 46.

ÉCOLE FRANÇAISE (xviiie siècle)

70 — Cul-de-lampe.

Formé d'un vase surbaissé muni de deux anses faites de dragons ailés, aux anneaux desquels sont accrochées des guirlandes de piécettes, qui se rattachent autour du piédouche du vase, reposant lui-même sur une table qu'enveloppe une draperie.

Dessin à la plume et lavis de sépia. En bas, à droite, un insecte, figurant peut-être une signature (?).

Haut., 260 millim.; larg., 200 millim.

Planche 46.

EISEN (Charles-Dominique-Joseph)
Valenciennes, 1720 + Bruxelles, 1778.

71 — Allégorie
sur l'érection d'une statue à Louis XV.

La statue du roi, représenté debout, en empereur romain couronné
de laurier, autour de laquelle des cordes ont été disposées, va être sou-
levée de terre pour être érigée sur son piédestal orné de bas-reliefs,
dressé au centre d'une place publique. Pendant que les cordes, entourées
autour de poulies invisibles sont tirées par deux robustes gaillards à la
taille herculéenne, deux amours, au premier plan, à gauche, s'aidant
d'une massue comme levier, s'efforcent à redresser la statue. Planant
sur la scène, au-dessus d'une nuée, un génie, sceptre en main, indique
l'emplacement de l'effigie royale; il est accompagné de deux amours
tenant chacun un miroir. Derrière le piédestal et en contre-bas, des
soldats à pied et à cheval s'exercent sous la direction d'un officier et de
Minerve, cuirassée et casquée, debout derrière lui. Deux spectateurs
vus de dos et dont on n'aperçoit que les bustes, contemplent la scène.
Dans le fond, assez loin, l'architecture d'un palais.

Dessin à la plume et lavis d'encre de Chine, légèrement rehaussé
d'aquarelle. Signé en toutes lettres et daté, en bas à gauche, au-dessous
d'un double filet d'encadrement : *Charles Eisen inv. et fac. 1753.*

Haut., 295 millim.; larg., 235 millim.

Cadre fait de baguettes en bois mouluré, sculpté et doré, époque
Louis XVI.

Collection du comte Jacques de Bryas.
Vente anonyme, à Paris, des 27-28 novembre 1907, n° 66.
Dans le livret de l'Exposition de l'Académie de Saint-Luc, de 1756, on lit,
p. 86, la désignation suivante, dans la liste des envois faits par M. Eisen,
adjoint à Professeur, Quay des Miramionnes : « N° 55. — La Statue pédestre
du Roi; des jeunes militaires faisant l'exercice *auquel préside Minerve.* Ces

quatre dessins ont chacun 10 pouces 11 lignes, sur 8 pouces 8 lignes de long. Deux dessins allégoriques de même grandeur ».

Est-ce l'un de ces dessins? Le sujet répond à la désignation et les dimensions correspondent à très peu de chose près.

Cette statue de Louis XV, d'après les gravures du temps représentant les différents monuments élevés à la gloire du roi, nous semble être celle qui fut érigée à Nancy.

C'était une statue de bronze, œuvre du sculpteur Guibal. Autrefois, sur la place Royale, à Nancy, elle fut détruite en 1792. Elle avait été coulée en bronze à Lunéville, le 15 juillet 1755, par le fondeur Perrin. Conduite à Nancy le 16 novembre de la même année, elle fut inaugurée dix jours après.

La statue et son piédestal coûtèrent 161.453 livres. Le sculpteur Paul-Louis Cyfflé aida Guibal dans l'exécution de ce monument.

Cf. : Stanislas LAMI : *Dictionnaire des Sculpteurs de l'École française du XVIIIᵉ siècle*, t. Iᵉʳ, p. 391.

Planche 27.

EISEN (Charles-Dominique-Joseph)

72 — Vignettes pour illustrations.

Compositions allégoriques relatives aux différents genres de poésie.
Trois petits dessins à la mine de plomb, sur vélin.

Haut., 104 millim.; larg., 60 millim.

Cadre mouluré et doré, style Louis XVI.

Ces trois petits précieux dessins, destinés à quelque ouvrage illustré du
xviiie siècle, ont dû demeurer à l'état de projets, car malgré nos recherches et
celles de bibliophiles autorisés, il a été impossible de retrouver les vignettes
gravées de ces sujets. Peut-être ces dessins ont-ils illustré un ouvrage manuscrit
ou même imprimé pour lequel l'artiste les aurait spécialement exécutés.

Planche 47.

EISEN (Charles-Dominique-Joseph)

73 — Vignette pour « Angola ».

Dans un riche boudoir orné de lambris Louis XV, une jeune femme est étendue sur un lit de repos à baldaquin et rideaux ; à gauche, doucement, un galant s'avance surprendre la bien-aimée.

Dessin à la plume et lavis de sépia.

Haut., 115 millim.; larg., 62 millim.

Cadre mouluré et doré, style Louis XVI.

Ce dessin a été gravé en contre-partie par F.-A. Aveline pour illustrer un petit ouvrage du xviiie siècle : *Angola, histoire indienne,* par La Morlière. A. Agra (Paris), 1751, deux parties in-12. Cette vignette se trouve dans la première partie de cet ouvrage, vis-à-vis la page 112.

Planche 47.

FRAGONARD (Jean-Honoré)

Grasse, 1732 † Paris, 1806.

74 — Vignette en-tête du Discours préliminaire ou Introduction au Voyage et à la Description de la Grande Grèce.

(3ᵉ vol., p. 1.)

Une figure de femme, portant le sceptre et coiffée d'une couronne murale, est assise entre deux rochers battus par les flots. Chacune de ses mains est posée sur une urne. Cette figure allégorique rayonne sur un fond d'apothéose au-dessus duquel, sur une nuée, apparaît l'Amour entouré de petits génies symbolisant les Arts.

Dessin au vigoureux lavis de sépia sur croquis au crayon.

Haut., 165 millim.; larg., 215 millim.

Cadre en bois mouluré et doré, orné d'une agrafe à coquille et fleurons, style Louis XVI.

Vente anonyme du 20 novembre 1912.

A figuré, sous le n° 211, à l'Exposition Fragonard, au musée des Arts décoratifs, en 1921.

Cette vignette a été gravée en contre-partie et de même grandeur, à l'eau-forte, par Augustin de Saint-Aubin et terminée au burin par Nicolet.

Une épreuve de cette vignette, à l'état d'eau-forte, est collée au revers du cadre.

Cf. : EMMANUEL BOCHER, *Catalogue des Estampes de l'École française du XVIII⁰ siècle : Œuvre d'Augustin de Saint-Aubin*, p. 223, n° 1300.

Planche 48.

FRAGONARD (Jean-Honoré)

75 — Muse couronnant le buste de Franklin.

Sortant d'une nuée, apparaît légère une Muse, sous les traits d'une jeune femme voilée de gaze transparente, s'avançant les bras levés, tenant dans chaque main une couronne de laurier ; elle s'apprête à couronner le buste de Franklin, placé sur une sphère dont un génie ailé, armé d'un glaive, tient le piédouche.

Dessin au lavis de sépia sur crayonnage. Signé en toutes lettres, en bas, à gauche. Au-dessous du trait d'encadrement, au centre, on lit, de la main du maître : *Frankelin* (sic).

Haut., 470 millim.; larg., 355 millim.

Cadre en bois mouluré, sculpté et doré, orné d'un cartel à la partie supérieure, style Louis XV.

Collection Jean Ferrier, d'Aix-en-Provence. Vente anonyme, à Paris, du 24 décembre 1924, n° 23.

Cette composition a été gravée en contre-partie, à la manière du lavis et en réduction, par l'abbé de Saint-Non et se trouve dans le recueil des *Griffonnis*. Au-dessus du sujet, est écrit ce vers latin :

Iam cœlo fulmen rapuit, max sceptra tyrannis.

et au-dessous, à gauche : *Fragonard del.;* au centre : *Le Docteur Franklin couronné par la Liberté;* enfin, à droite : *L'Abbé de S*^t *Non. Inve et sculpsit 1778.* Au dos du cadre, se trouve une photographie de cette gravure.

Le buste de Franklin représenté dans ce dessin est celui, bien connu, exécuté par Jean-Antoine Houdon en 1778, pendant le séjour en France de l'envoyé des États-Unis. Ce buste a été souvent répété par le sculpteur, et on en connaît de nombreux exemplaires en marbre, terre cuite, bronze ou plâtre.

Planche 49.

FRAGONARD (Jean-Honoré)

76 — Les Enfants à la cage.

A l'orée d'un bois, six gros enfants nus sont réunis ; au centre de
la composition, deux d'entre eux se disputent une cage ; à droite, à
terre, un tambourin enrubanné.

Dessin à la sanguine.

Haut., 3o5 millim.; larg., 245 millim.

Cadre en bois mouluré, sculpté et doré, à crossettes, guirlandes
et nœud de ruban, époque Louis XVI (agrandi).

Planche 50.

FRAGONARD (Jean-Honoré)

77 — La Statue antique.

Dans une niche creusée dans un mur de terrasse et embroussaillée
de folle verdure, une énorme statue d'empereur romain se dresse sur
un dé de pierre. Sur la droite, sous une tonnelle, des personnages
se livrent au plaisir de la danse.

Dessin à la sanguine.

Haut., 215 millim.; larg., 3ro millim.

Cadre en bois doré, style Louis XVI.

Planche 48.

FRAGONARD (Jean-Honoré)

78 — La Grande Allée du parc de Saint-Cloud.

Dans la grande allée du parc, parallèle à la Seine, et que décorent des statues de marbre sur leurs piédestaux, à l'ombre de ses arbres séculaires, circulent des promeneurs. A gauche, ce sont des jeunes gens entourant une jeune femme qui se balance sur une escarpolette; à droite, au son d'un violoneux des couples dansent une ronde; au fond, des personnages sont accoudés sur la balustrade de fer du bassin, admirant le jet d'eau qui s'élève du centre pour retomber en poussière humide poussée par le vent.

Dessin au lavis de sépia sur croquis au crayon.

Haut., 220 millim.; larg., 278 millim.

Cadre en bois sculpté doré, style Louis XV.

Collection Marquiset. Vente des 28-29 avril 1890 (partie des nᵒˢ 164 ou 165).
Collection Henry Marcel, directeur honoraire des Musées nationaux et de l'École du Louvre.

Ce dessin a dû être fait par l'artiste en vue des grands tableaux peints qui décorent la Banque de France et de ceux qui se trouvent dans la collection C. Groult, représentant *la Fête à Saint-Cloud*.

Planche 51.

FRAGONARD (Jean-Honoré)

79 — Escalier dans le parc d'une villa italienne.

Il fait communiquer deux terrasses du parc. En bas, au premier plan, il prend naissance entre deux piédestaux sur lesquels, à gauche et à droite, viennent buter des grilles. Le piédestal de droite soutenant des statues est muni sur son socle de deux mascarons déversant de l'eau. Des groupes de petits personnages animent ce premier plan. D'autres montent les degrés de l'escalier qui va les conduire à une allée ombragée de hauts cyprès dont les ramures forment le fond du paysage. A gauche, sur le terrain en pente, sont des arbustes; à droite, l'extrémité d'une terrasse plantée de cyprès plus bas formant charmille.

Dessin au lavis de sépia.

Haut., 3go millim.; larg., ?55 millim.

Cadre mouluré et orné, en bois sculpté doré, de style Louis XVI.

Planche 52.

FRAGONARD (Jean-Honoré)

80 — Les Jets d'eau.

Dans une chambrée, où se trouvaient couchées quatre jeunes ouvrières de modes, qu'éclaire une lampe à abat-jour posée sur une console-étagère fixée au mur, de jeunes farceurs ont, par une trappe ouverte dans le plancher, braqué deux seringues dont les jets aspergent les jeunes filles qui se sont éveillées et se défendent à demi-nues contre leurs atteintes. A gauche, l'une d'elles debout, le pied droit sur un tabouret, s'enveloppe dans un rideau, sa compagne est restée couchée, mais de sa jambe droite relevée a soulevé son drap en guise d'écran. Sur un lit voisin, une autre, sur son séant, les seins découverts, tient de ses deux bras levés son oreiller et s'en fait un rempart. Enfin, à droite, dans une alcôve, la quatrième, hors des atteintes de l'eau, mais cependant méfiante, tient de sa main gauche le rideau dont elle se servira pour se protéger si besoin est.

Dessin au lavis de sépia sur croquis au crayon et à la plume. Signé au pinceau, en toutes lettres, en bas, à droite.

Haut., 240 millim.; larg., 355 millim.

Cadre doré, de style Louis XV.

Collection du comte Octave de Behague. Vente, après décès, de sa collection d'estampes et de quelques dessins en mai 1877, n° 2770 du catalogue.

Collection Henry Marcel, directeur honoraire des Musées nationaux et de l'École du Louvre.

Cité dans : Baron R. PORTALIS, *Fragonard*, p. 304, 2ᵉ col.

Ce dessin est très probablement une première pensée d'une composition analogue, mais avec variantes, du même artiste, et gravée sous le même titre par Auvray, faisant pendant à un autre sujet ayant pour titre : *Les Pétards*, gravé par le même.

De la composition gravée, plusieurs dessins sont connus et se trouvent dans des collections parisiennes, ils avaient figuré dans les ventes Varanchan (1777), du marchand de tableaux Dulac (1778), de M. de Boynes (1785).

Planche 53.

FRAGONARD (Jean-Honoré)

81 — L'Inspiration du poète.

Le poète est représenté de trois quarts à gauche, assis sur un tabouret, drapé à l'antique, les pieds nus ; le bras gauche retombant avec la main ouverte, tandis que le droit est étendu, la main ouverte tenant une plume devant une table de marbre sur laquelle un large feuillet est développé. La tête de profil, couronnée de laurier, offre un regard inspiré. Devant lui, se dresse une sorte d'autel que domine un buste de femme, au-dessous duquel, sur une frise, est un médaillon ovale contenant les initiales *D. M.,* au milieu de guirlandes. De chaque côté, chacun sur un fût de colonne, on voit, à gauche, le buste de La Fontaine, à droite, celui de J.-J. Rousseau. A terre, près du tabouret se trouve une palette et près de la table de marbre un carton et des feuilles de papier. Dans le fond de la composition, à droite, à peine indiquée, une vision précisant le rêve du poète.

Dessin au lavis de sépia sur quelques traits crayonnés légèrement. Signé en toutes lettres, à la plume, en bas, à gauche : *fraconard* (sic).

Haut., 353 millim.; larg., 466 millim.

Cadre en bois mouluré, sculpté et doré, orné d'une rangée de feuilles et, à la partie supérieure, d'un cartel avec guirlandes de laurier et chutes de même retombant sur les côtés, époque Louis XVI.

Acheté en juin 1909, à M. Leroy, antiquaire à Versailles.

A figuré sous le n° 131, à l'Exposition Fragonard, au musée des Arts décoratifs, en 1921.

Ce dessin est une variante d'une composition analogue du maître, signalée par le baron R. Portalis, dans son ouvrage sur Fragonard (p. 303, 1re col.), ayant pour titre : *Hommage à Glück,* dont voici la désignation succinte : « Un artiste lauré contemple le buste de Glück placé devant lui, entre Homère et Virgile ; il vient d'écrire ces mots : « Et mon cœur et mes œuvres ». Signé. Haut., 36 cent. ; larg,, 46 cent. Collection de Madame la baronne de Ruble ».

Ce dessin également au lavis de sépia, mais sur un dessous de crayon beaucoup plus serré et précis, faisait autrefois partie de la collection de M. Sigismond Bardac. Il lui fut acheté, de son vivant, par M. Édouard Rahir en même temps que quelques autres dessins importants du xviii° siècle, pour le compte d'un amateur américain.

Planche 54.

FRAGONARD (Jean-Honoré)

82 — Parc d'une villa italienne.

A centre de la composition, et à gauche, s'élèvent deux groupes de cyprès centenaires que sépare un pin parasol, non loin d'une statue dressée sur son piédestal, autour de laquelle sont des petits personnages. Vers la droite, en pleine lumière, s'étagent des terrasses de verdure couronnées de hautes futaies. A l'extrémité d'une balustrade, à droite, une femme se tient debout.

Dessin à la sanguine.

Haut., 235 millim.; larg., 378 millim.

Cadre en bois mouluré, sculpté et doré, à décor d'oves, perles et rais de cœur, époque Louis XVI.

A figuré, sous le n° 181, à l'Exposition Fragonard, au musée des Arts décoratifs, en 1921.

Planche 55.

FRAGONARD (Jean-Honoré)

83 — Villa d'Este, à Tivoli, près Rome : la Terrasse d'eau, dans les jardins.

Au centre de la composition descend vers la droite le perron qui conduit de la villa aux terrasses inférieures; sur la gauche de l'emmarchement, commence un mur décoré de bas-reliefs dans des arcatures et, au-dessous, des mascarons vomissant l'eau dans un canal formant soubassement. La balustrade du perron, décorée en haut, d'un vase, s'amortit en bas en un gros mascaron déversant l'eau dans un bassin auprès duquel une lavandière, debout, lave son linge. Plus loin, à droite, une cascade au milieu de la verdure.

Dessin à la pierre d'Italie, rehaussé de blanc, sur papier gris.

Haut., 260 millim.; larg., 405 millim.

Cadre en bois sculpté doré, époque Louis XV.

Planche 56.

FRAGONARD (Jean-Honoré)

84 — Portrait d'Hubert Robert, à Rome.

Il est représenté dans sa cellule de la Villa Médicis, en pied, assis sur une chaise paillée, auprès d'une commode rustique, vêtu d'un pantalon long, d'un habit à larges revers, croisé et boutonné, et chaussé de pantoufles. Il est vu de trois quarts à droite, le visage fixant le spectateur; le bras gauche est légèrement coudé et sa main, aux doigts écartés, s'appuie sur le dessus de la commode. Son bras droit pend le long du dossier de la chaise. Les jambes sont allongées et croisées, la gauche passée sur la droite.

Dessin à la pierre d'Italie.

Haut., 32o millim.; larg., 247 millim.

Cadre en bois mouluré, sculpté et doré, décoré de rais de cœur et de perles, époque Louis XVI.

A figuré, sous le n° 125, à l'Exposition Fragonard, au musée des Arts décoratifs, en 1921.

Planche 57.

FRAGONARD (Jean-Honoré)

85 — Portrait de Mlle Gérard, debout.

L'artiste a représenté son élève et amie, debout, de profil à droite, les mains croisées, la tête relevée. Elle est vêtue d'une robe à pli Watteau, à manches courtes ornées d'engageantes de dentelle, et ses épaules sont recouvertes d'une ruche croisée sur la poitrine. Une plume orne sa chevelure.

Dessin au lavis de sépia.

Haut., 264 millim.; larg., 184 millim.

Cadre mouluré et doré orné, en haut, d'une agrafe, style Louis XV.

A figuré, sous le n° 143, à l'Exposition Fragonard, au musée des Arts décoratifs, en 1921.

Planche 57.

FRAGONARD (Jean-Honoré)

86 — La Confidence.

Portraits de Mme Fragonard et de sa sœur Marguerite Gérard.

Dans une pièce aux murs nus, servant d'atelier, auprès d'une table de travail recouverte d'un tapis et sur laquelle sont posés un pupitre à peindre, des toiles et un plumeau, toutes deux sont assises en intimité. Marguerite Gérard occupe le centre de la composition. Vue de trois quarts à gauche, les bras et les jambes allongés, elle est vêtue d'une robe à corsage décolleté et manches courtes, garnie de volants froncés ; une ruche pare son col et un piquet de plumes noires orne sa chevelure. Sa tête, tournée de face vers son épaule gauche, se penche légèrement en arrière pour écouter plus attentivement une confidence à voix basse de sa sœur assise derrière elle. Celle-ci, coiffée d'un bonnet de dentelle, vêtue d'une robe unie et le buste enveloppé d'une mante noire à capuchon rabattu, fermée sur la poitrine, incline le haut du corps vers Mlle Gérard pour lui causer à l'oreille. Ses bras sont joints et appuyés sur ses jambes croisées l'une sur l'autre.

Dessin au lavis de sépia.

Haut., 280 millim.; larg., 208 millim.

Cadre ancien en bois mouluré, sculpté et doré orné, en haut, d'une agrafe faite d'un cartouche ornementé.

Ce magnifique dessin, d'une admirable conservation, est demeuré inconnu des amateurs jusqu'à la fin de 1925, époque où il est entré dans la présente collection.

Faut-il y voir le dessin au bistre signalé par le baron Roger Portalis dans son livre sur Fragonard (p. 296, 2ᵉ col.) sous le même titre et qui figurait à la vente Brunet-Denon en 1846. L'absence de détails descriptifs ne permet pas d'affirmation.

Ce dessin fait exactement pendant à celui que possède le musée du Louvre ayant pour titre : *Les Liseuses.* Il est exécuté par le même procédé, dans la même note de valeur, de la même dimension et présente, en outre, les deux mêmes personnages dans des attitudes autres ; tous deux sont vus de dos, Mme Fragonard, assise, lisant une lettre que Mlle Gérard écoute, également assise, et tournant la tête du côté de la liseuse.

Planche 58.

FRAGONARD (Jean-Honoré)

87 — La Consultation.

Dans une sorte de cellule de pierre, auprès d'une table de bois
que recouvre une toile, un homme barbu et coiffé d'un haut bonnet,
est assis, accoudé sur son bras gauche, le bras droit étendu sur la
table et la main ouverte; il rend son oracle à un couple se tenant
debout devant lui. L'homme est vêtu d'un grand manteau et fixe
attentivement le vieillard; la jeune femme, qui est de profil, a sa
main droite sur la table, tandis que la main gauche se pose sur
la poitrine de son compagnon. A droite, un chien près de la table,
a relevé sa tête et semble prendre intérêt à la scène.

Dessin au lavis de sépia.

Haut., 235 millim.; larg., 160 millim.

Cadre en bois mouluré, sculpté et doré, décor de feuille d'eau,
époque Louis XV.

Collection Walferdin. Vente à Paris, 12-16 avril 1880, n° 263.
Collection Lion. Vente à Paris, 3 avril 1886, n° 43.
Collection Piat.

A figuré, sous le n° 151, à l'Exposition Fragonard, au musée des Arts
décoratifs, en 1921.

Planche 59.

FRAGONARD (Jean-Honoré)

88 — La Colonne de Marc-Aurèle, et la place Colonna, à Rome, illuminées à giorno.

Tous les ans, à Rome, le jour de la fête du prince Colonna, il y a grand veglione et illuminations de la colonne de Marc-Aurèle, de la place et du palais Colonna. Des pots à feu sont disposés aux angles du piédestal et au-dessus du chapiteau de la colonne. La foule, parmi laquelle circulent des carrosses, assiste au spectacle magique que présente la façade du palais illuminé se détachant sur le fond gris du ciel.

Dessin au lavis de sépia sur croquis au crayon.

Haut., 162 millim.; larg., 102 millim.

Cadre en bois mouluré et doré orné, en haut, d'une agrafe faite d'un cartel, palmette et fleurons, époque Louis XV.

Vente anonyme d'objets d'art, à Paris, le 8 décembre 1917, n° 40. (Appartenant à M. Migneaux.)

Dans cette même vente, sous le n° 43, se trouvait une peinture par Hubert Robert, présentant la même composition. Ce tableau, acquis par M. Paulme, figurait à la vente de sa collection de tableaux (collection de M. P...), à Paris, galerie Georges Petit, le 22 novembre 1923, n° 73 du catalogue, dans lequel il est reproduit. Acquis par M. Rocquigny, amateur rouennais.

Planche 60.

FRAGONARD (Jean-Honoré)

89 — A Femme avare, galant escroc.
Conte de La Fontaine.

Dans un élégant intérieur meublé d'un bureau et d'un canapé,
décoré de tableaux de prix, on voit Gulphar assis, prenant par la
taille Mᵐᵉ Gasparin, debout près de lui, fort attentionnée à compter
sur le bureau les deux cents écus qu'elle s'imagine être la rançon
de sa vertu. A droite, un chien dort, roulé en boule.

Dessin au lavis de sépia.

Haut., 200 millim.; larg., 135 millim.

Cadre en bois mouluré, sculpté et doré, époque Louis **XVI**.

Collection Gaston Le Breton (de Rouen). Vente à Paris, 6-8 décembre
1921, n° 61 du catalogue, dans lequel il est reproduit.

Ce dessin a été gravé au burin, de même grandeur, par Aliamet, pour
illustrer l'édition des Contes de La Fontaine, de Didot, 1795, in-4°.

Planche 61.

FRAGONARD (Jean-Honoré)

90 — Le Calendrier des vieillards.
Conte de La Fontaine.

C'est dans le délicieux boudoir de Bartholomée de Galandi que la scène se passe. Elle est assise sur la jambe de son époux Richard, le bras appuyé sur son épaule et semble résignée devant le geste du vieillard, promenant sa main sur le calendrier accroché au mur, derrière lui :

> On sait qui fut Richard de Quinzica,
> Qui mainte fête à sa femme allégua
> Mainte vigile, et maint jour fériable,
> Et du devoir crut s'échapper par là.

Dessin au lavis de sépia.

Haut., 200 millim.; larg., 135 millim.

Cadre en bois mouluré, sculpté et doré, époque Louis XVI.

Collection Gaston Le Breton. Vente à Paris, les 6-8 décembre 1921, n° 60 du catalogue, dans lequel il est reproduit.

Ce dessin a été gravé au burin, de même grandeur, par Dambrun, pour illustrer l'édition in-4° des Contes de La Fontaine, Paris, Didot, 1795.

Planche 61.

FRAGONARD (Jean-Honoré)

91 — Les Quiproquo.
Conte de La Fontaine.

Au-dessous du perron à balustres conduisant à l'habitation on voit, voûtée, l'entrée de la cave où la soubrette Alix a donné rendez-vous à son maître; celui-ci a accepté d'associer un ami dans son équipée. Mais Alix ne voulant pas trahir sa maîtresse l'a mise au fait de l'aventure, et c'est elle qui vient aux lieu et place de la soubrette.

Dessin au lavis de sépia.

Haut., 200 millim.; larg., 135 millim.

Cadre en bois mouluré, sculpté et doré, orné d'une feuille d'eau, époque Louis XV.

Collection Piat.

A figuré, sous le n° 212, à l'Exposition d'œuvres de J.-H. Fragonard, au musée des Arts décoratifs, en juin-juillet 1921.

Le graveur Martial a fait une mauvaise gravure de ce sujet, en contre-partie, d'après une réplique de ce dessin se trouvant dans les collections Paillet et Beraldi. Cette gravure porte le n° 56 de la suite.

Planche 59.

FRAGONARD (Jean-Honoré)

92 — La Rentrée du troupeau.

Dans un paysage accidenté, sur un chemin en pente descendant
d'un moulin et passant le long d'un bouquet d'arbres que domine
un vieux chêne étendant de tous côtés ses antiques ramures, une
jeune paysanne, que taquine un villageois chaussé de bottes et coiffé
d'un large feutre, pousse devant elle deux grands bœufs blancs
suivis de moutons et précédés d'un chien, vers un ruisseau qui coule
parmi les roseaux. A l'arrière-plan, à gauche, se distinguent d'autres
paysans et leurs animaux.

Dessin au lavis de sépia sur croquis de crayon, de la période
hollandaise du maître. Signé en toutes lettres, en bas, à droite.

Haut., 343 millim.; larg., 420 millim.

Cadre mouluré et doré, avec agrafe à coquille, de style Louis XV.

Cité dans Baron de Portalis : *Fragonard,* p. 309, 1re col.

Vente Lefèvre, 1883.

Vente après décès Henri B.-Lasquin, 4-6 décembre 1919, n° 339 du catalogue.

A figuré, sous le n° 199, à l'Exposition Fragonard, au musée des Arts
décoratifs, en 1921, sous le titre : *le Passage du gué.*

Un dessin du même sujet, mais simplement esquissé, appartenant alors
à M. Zarine, figurait à une vente anonyme d'objets d'art, en 1917.

Le tableau peint à l'huile par le maître, présentant la même composition,
est en possession du marquis d'Harcourt, à Paris, et figurait à l'Exposition
Fragonard, au musée des Arts décoratifs, en 1921, sous le n° 17.

Planche 62.

GILLOT (Claude)

Langres, 1673 † Paris, 1722.

93 — Personnages de la Comédie italienne.

L'artiste a réuni sur une même feuille quatre acteurs, personnages ordinaires de la Comédie italienne, représentés dans leur costume traditionnel et dans leur attitude la plus caractéristique de leur rôle.

Dessin à la plume et lavis de sépia.

Haut., 152 millim.; larg., 190 millim.

Cadre mouluré et doré, avec agrafe, style Louis XV.

Au revers de la même feuille, sont dessinées quatre autres figures de personnages de Comédie.

Dessin à la plume et lavis de sépia.

Haut., 150 millim.; larg., 170 millim.

En bas, à droite du dessin principal, se trouve la marque *R.* du collectionneur J. Richardson Junr (1694-1711), peintre de portraits, à Londres.

Cf. : F. Lugt : *Les Marques de collections,* n° 2170.

Planche 63.

GOYEN (Jan Van)
Leyde, 1596 † La Haye, 1665.

94 — Fête de village, en Hollande.

C'est jour de fête au village. Des baladins ont pris possession de la place. A gauche, non loin de l'église, une grande tente a été élevée : c'est la salle de spectacle, au-devant de laquelle, juchés sur une échelle, des musiciens attirent les spectateurs. D'autres éventaires plus modestes, recouverts de toile, sollicitent aussi les promeneurs. Des groupes de paysans et des gens de condition, à pied, à cheval, en charrette et même en carrosse, animent la composition.

Dessin au crayon noir et lavis d'encre de Chine. Signé en bas, à gauche, du monogramme : *VG*, suivi de la date : *1653*.

Haut., 170 millim.; larg., 275 millim.

Cadre en bois mouluré, sculpté et doré, orné, en haut, d'une agrafe à palmette, volutes et feuillage, époque Louis XV.

Vente L. C... (Léonce Coblentz), les 15-16 décembre 1904, n° 49.

Planche 64.

GOYEN (Jan Van)

95 — Le Pigeonnier.

Au bord d'un chemin s'élève, perché sur quatre piliers rustiques, un pigeonnier couvert en chaume, servant en même temps d'abri pour les instruments de culture. A côté, se trouve une fontaine dans laquelle une paysanne lave son linge et, près d'elle, un homme se tient debout, coiffé d'un chapeau de feutre. Plus loin, un paysan accompagné de son chien.

Dessin à la pierre noire et lavis d'encre de Chine. Signé du monogramme : *VG*, en bas, à droite, et daté : *1649*.

Haut., 177 millim.; larg., 285 millim.

Cadre en bois mouluré, sculpté et doré, à coins ornés de feuillage, époque Louis XIV.

Planche 65.

GOYEN (Jan Van)

DEUX PENDANTS

96 — Village au bord d'une rivière.

Tout au bord de la rivière, animée de barques que des hommes manœuvrent à la rame, se trouve un village bâti au pied d'une colline que dominent les ruines d'un vieux château. Au centre, se dresse l'église avec son clocher, entourée d'habitations. Plus loin, un petit port où sont amarrées deux barques à voile. A droite, des vaches paissent près d'une ferme.

Planche 66.

97 — Village dominant une rivière.

A droite de la composition, bâti en amphithéâtre sur la pente d'une colline assez escarpée, un village dominé par son église à laquelle on accède, du bord de l'eau, par des degrés montant entre les maisons; plus loin, à gauche, se devine un autre village. Deux barques montées par des paysans glissent sur la rivière.

Deux dessins à la pierre noire et lavis. Signés en bas, du monogramme : *VG,* suivi de la date : *1651.*

Haut., 195 millim.; larg., 3o5 millim.

Cadres en bois doré, à coins ornés, époque Louis XIV,

Planche 66.

GOYEN (Jan Van)

98 — Bord de fleuve et personnages.

A gauche, sur la rive du fleuve, est un village dont on aperçoit l'église
et son clocher, les ruines d'un vieux château et des habitations. Au
premier plan, des personnages et deux barques sur un ruisseau se
dirigent vers le fleuve. Sur un monticule, à droite, un groupe de
personnages, dont deux cavaliers. Sur la rive opposée se profile un
autre village.

Dessin à la pierre noire et lavis d'encre de Chine. Signé en bas, à
droite, du monogramme : *VG,* et daté : *1652.*

Haut., 120 millim.; larg., 195 millim.

Cadre en bois mouluré, sculpté et doré, époque Louis XVI.

Collection James Hazard. Cachet en bas, à gauche.

Cf. : F. Lugt : *Les Marques de collections,* n° 1469.

Planche 65,

GREUZE (Jean-Baptiste)
Tournus, 1725 † Paris, 1805.

99 — Les Enfants surpris.

Dans un intérieur rustique, trois enfants, deux filles et un garçon, se disputent un pot de confitures que la sœur aînée tient serré entre ses genoux. Un bébé, sur sa chaise, tend ses deux petits bras comme pour réclamer sa part, et jusqu'au chien qui aboie au bruit de la dispute. Pendant ce temps, une porte s'est ouverte, dans le fond à droite, et la mère apparaît pour mettre fin au tapage.

Dessin à la plume et lavis d'encre de Chine.

Haut., 295 millim.; larg., 300 millim.

Cadre fait de baguettes moulurées, sculptées et dorées, époque Louis XVI.

Cachet de la collection du célèbre collectionneur du xviii° siècle, le Chevalier de Damery.

Cf. : F. Lugt : *Les Marques de collections*, n° 2862, à qui la gravure d'Elluin est dédiée.

Cité dans : Jean Martin, *Œuvre de J.-B. Greuze, Catalogue raisonné*, n° 289.

A été gravé en noir par Elluin, avec variantes; la proportion du sujet est rectangulaire en hauteur, au lieu d'être carrée.

Planche 67.

GUARDI (Francesco)
Venise, 1712 † 1793.

100 — La Fête du Bucentaure, à Venise.

C'est le jour de l'Ascension, la fête du Bucentaure ou la célébration
du mariage du Doge avec la mer. Le vaisseau le Bucentaure, sorte de
galère très haute, sans mâts ni voiles, monté par des rameurs, battant
haut le pavillon de la République, est ancré en face de la Piazetta.
D'innombrables gondoles chargées de populaire glissent autour de lui.
Le spectateur, placé au pied de la Douane de Mer, voit, à gauche, la rive
des Esclavons, le pont de la Paille, la Monnaie, la Bibliothèque, la
Piazetta, le Palais Ducal, les prisons et la longue file des palais, inter-
rompue par la silhouette de quelques campaniles.

Dessin à la plume et lavis de sépia.

Haut., 195 millim.; larg., 392 millim.

Cadre en bois sculpté doré, style Régence.

Collection E. Warneck. Vente après décès de Madame Warneck à Paris,
les 10-11 mai 1905, n° 177.

Planche 68.

GUARDI (Francesco)

101 — Vue de Levico, dans le val Sugana.

L'entrée du village est marquée par une porte en ruines placée en travers de la route, près d'un arbre étendant ses ramures dénudées. Des maisons sont alignées à gauche de la rue qui continue la route; l'église, avec son clocher, se silhouette de l'autre côté. Un ruisseau court parallèlement à la route. Tout à fait sur la droite, une construction basse. Fond de montagne.

Au-dessous du dessin, à gauche, une inscription situant la localité, et de la main de l'artiste : *Levico verso il borgo di Valsugana dove la Brenta nazze.*

Dessin à la plume et lavis de sépia.

Haut., 410 millim.; larg., 620 millim.

Cadre en bois mouluré, sculpté et doré, orné, à chacun des angles, d'une palmette avec feuillage, époque Louis XIV.

Levico est une petite bourgade du Trentin, à 15 kilomètres de Trente, au nord-est de l'extrémité nord du lac de Garde, non loin de la frontière austro-italienne et où eurent lieu de nombreux combats pendant la grande guerre européenne (1914-1918).

Planche 69.

HEINSIUS (Jean-Ernest)

Weimar, 1740 † Paris, 1812.

102 — Bélie à l'âge de six ans.

La petite fille est assise de face, vêtue d'une robe amplement juponnée, avec corsage décolleté. Elle tient de ses deux menottes, sur ses genoux, une corbeille de fleurs.

Dessin au crayon. Signé vers le milieu, à droite : *J. Heins. fecit.* En haut, à droite, l'inscription autographe : *Bélie âgée de 6 ans.*

Haut., 275 millim.; larg., 208 millim.

Cadre fait de baguettes de bois mouluré, sculpté et doré, à rais de cœur, époque Louis XVI.

Ce dessin a figuré, sous le n° 108, à l'Exposition de l'Enfance, au Petit-Palais, en 1901.

Planche 70.

HILAIRE (Jean-Baptiste)
xviiie siècle † Après 1822.

103 — Ruines de Milet et cours du Méandre (Asie-Mineure).

Le paysage s'étend plat à perte de vue, entre deux hauteurs de collines, arrosé du fleuve Méandre dont le cours serpente et décrit de nombreuses boucles (d'où vient le mot *méandres* pour désigner un chemin, une route ou une rivière au parcours sinueux et mouvementé). A gauche, la ville de Milet dont, au premier plan, on voit en ruines les remparts ; à droite, un bac que dirige un câble tendu entre les deux rives du fleuve. Sur un terre-plein, vers le centre, l'artiste s'est représenté assis, dessinant sur ses genoux, tandis que, penché sur son épaule, un compagnon de voyage suit son travail. Au premier plan, au milieu, des Turcs, accroupis ou debout, sont au bord de l'eau.

Dessin à l'aquarelle, sur son ancienne monture portant sur la teinte d'encadrement, à droite, la signature : *J.-B. Hilaire,* et au milieu, l'inscription autographe : *Vue des ruines de Milet et du cours du Méandre.*

Haut., 220 millim.; larg., 354 millim.

Cadre en bois mouluré, sculpté et redoré, époque Louis XVI.

Ce dessin a fait partie, sous le n° 301, de l'Exposition des Petits-Maîtres français du xviiie siècle, en juin 1920.

Exposition du Paysage français, de Poussin à Corot, au Petit-Palais, en mai-juin 1925, n° 521 du catalogue.

Publié et reproduit par M. Gaston Migeon, dans la revue *Syria,* en 1925.

Planche 71.

HILAIRE (Jean-Baptiste)

104 — Femmes de l'île de Siphanto (Grèce).

Dans un intérieur rustique, une jeune mère, coquettement habillée, est assise et berce son bébé couché dans un hamac; à ses pieds, un chat ronronne. Vers la gauche, assise à terre, une jeune femme fait tourner un dévidoir. A droite, un enfant mange sa bouillie.

Dessin à la plume lavé d'encre de Chine et rehaussé d'aquarelle.

Haut., 60 millim.; larg., 90 millim.

Cadre en bois mouluré, sculpté et doré, à perles et feuilles d'eau, époque Louis XVI.

Collection H.-E. Perrin (administrateur de la Comédie-Française). Vente à Paris, 21-22 avril 1909, n° 252.

Exposition de la Turquerie au xviii° siècle, au musée des Arts décoratifs, en 1911, n° 165.

Ce dessin a été gravé par A.-J. Duclos, dans le *Voyage pittoresque en Grèce*, t. Ier, pl. 9.

Il fait pendant à un autre, du même artiste, pour illustrer le même ouvrage, qui se trouve au musée des Arts décoratifs, dans la collection léguée à ce musée par M. H.-E. Perrin.

A l'Exposition de la Turquerie au xviii° siècle, se trouvait, sous le n° 38 *bis*, une petite peinture du même sujet que celui décrit ci-dessus, appartenant à M. Féral, et pour laquelle le dessin avait dû servir d'étude.

Planche 72.

HILAIRE (Jean-Baptiste)

105 — Portrait de femme.

Elle est représentée assise sur une chaise rustique, devant une petite table-bureau, vue presque de profil à gauche, la tête retournée presque de face. Tenant une plume d'oie dans sa main droite, elle écrit une lettre, sa main gauche appuyée sur le papier. Elle est vêtue d'une robe rouge à volants froncés, à corsage décolleté et manches courtes bordées de ruches de linon ; au sommet de la tête, sur ses cheveux relevés, est posée une coiffe de dentelle ornée de rubans. A gauche, le rideau de la fenêtre devant laquelle elle est assise et qui l'éclaire.

Dessin au crayon et à la sanguine rehaussé d'aquarelle et de gouache. Signé et daté, à gauche, sur la table : *Hilaire, 1781.*

Haut., 210 millim.; larg., 170 millim.

Cadre à crossettes, mouluré et doré, à perles, feuilles d'eau et rosaces, style Louis XVI.

Collection du comte Jacques de Bryas. Vente à Paris, les 4-6 avril 1898, n° 80.

Planche 70.

HOIN (Claude-Jean-Baptiste)
Dijon, 1750 † 1817.

106 — Portrait de Jean-Jacques-Louis Hoin.
Père de l'artiste, mort en 1772, portrait posthume.

Représenté en buste, de trois quarts à droite, le visage presque de face. Il a le teint coloré et porte la perruque poudrée. Il est vêtu d'un habit à col droit entr'ouvert laissant voir un jabot de dentelle.

Pastel. Signé et daté vers le milieu, à gauche, avec l'inscription suivante, à la mine de plomb : « J.-J.-L. Hoin, par C^de HOIN, P^tre de Sa Majesté Louis 18. 1815. »

Haut., 450 millim.; larg., 370 millim.

Cadre en bois mouluré, sculpté et doré, orné de deux bordures à feuilles d'eau et couronné d'une agrafe faite d'un écusson d'armoiries aux trois fleurs de lis d'or sur fond d'azur, accompagné de volutes feuillagées et de branches de laurier, époque Louis XV.

Collection Félix Doisteau, vente des 9, 10, 11 juin 1909, n° 92 du catalogue, dans lequel il est reproduit.

Il existe un portrait gravé par Claude Hoin, et de souvenir, portant au-dessous du médaillllon l'inscription : « J.-J.-L^is Hoin, Maître ès Arts et en Chirurgie, à Dijon, Lieutenant de M. le Premier Chirurgien du Roi, Pensionnaire de l'Académie des Sciences, Arts et Belles-Lettres de la même Ville, Correspondant de l'Académie Royale de Chirurgie, de la Société Littéraire de Clermont-Ferrand, etc. Né à Dijon le 10 avril 1722, mort le 4 octobre 1772. »

Cf. : Baron ROGER PORTALIS : *Claude Hoin (1750-1817), Gouaches, Pastels, Miniatures*, Paris. Extrait de la *Gazette des Beaux-Arts*, 1900, in-8°, ill.

Exposition des Pastellistes français des xviie et xviiie siècles, chez Charpentier, mai-juin 1927, n° 22 du catalogue.

Planche 73.

HOUDON (Jean-Antoine)

Versailles, 1741 † Paris, 1828.

107 — La Douleur consolée par la Justice, qui lui montre la Renommée.

Allégorie sur la mort de M. Guillard.

Sous les voûtes d'une crypte où reposent les cendres de grands hommes, entre un sarcophage de style antique et une colonne de la Renommée à laquelle des médaillons commémoratifs sont accrochés, deux figures allégoriques sont assises, dont l'une, symbolisant la Douleur, tient dans sa main droite une urne funéraire et appuie son bras gauche sur la Justice qui, le glaive dans la main droite et le bras gauche levé, lui montre un médaillon à profil d'homme que la Renommée, debout derrière la colonne, fixe sur celle-ci parmi d'autres. A terre, sur des degrés, près de la Douleur, un flambeau renversé; plus loin, devant la colonne, la trompette de la Renommée, des couronnes et des palmes.

Dessin à la pierre noire, au lavis avec rehauts de gouache, sur papier chamois. Signé et daté, en bas, à gauche : *Houdon, inv., 1774.*

Haut., 340 millim.; larg., 430 millim.

Cadre en bois mouluré, sculpté et doré, orné de rais de cœur et d'un ruban, époque Louis XVI.

Collection du comte de la Béraudière. Vente à Paris, des 16, 17 avril 1883, n° 141 du catalogue.

Ce dessin d'une exécution magistrale présente, en outre de sa qualité, le plus grand intérêt. Les dessins du maître sculpteur sont de la plus extrême rareté; nous n'avons pas connaissance qu'il en existe un seul dans les galeries ou collections publiques. Les musées du Louvre et de Versailles n'en possèdent aucun et le Dictionnaire des ventes du Dr Mireur ne fait état, au nom de Houdon, que du présent dessin.

Une inscription manuscrite autographe du maître se trouvait collée au revers du dessin; elle a été conservée et peut se lire au revers du cadre. Elle donne l'explication de l'allégorie représentée, en même temps qu'elle renseigne sur l'événement qui a inspiré la composition. La voici in extenso avec son orthographe que nous avons conservée :

« ... Cette allégorie fut composée au sujet de la mort de Monsieur Guillard, Conseillé de grande chambre au parlement de Paris, mort en 1772; le sujet est la Douleur au pied du tombeau, tenant d'une main l'urne elle est conseillé par la Justice qui lui montre la Renommée qui prend soin de sa gloire en attachant le médaillon de celui qu'elle pleure (parmi les) entre les noms fameux des Talon, des Lamoignon, des Daguesseau, des Fleury et autre grand homme du palais. » (Les deux mots entre parenthèses sont rayés sur l'original.)

Cf. : Dr Mireur : *Dictionnaire des ventes d'art*, tome III, p. 494.

Exposition du Centenaire de Houdon, à la Bibliothèque de Versailles, avril-mai 1928, n° 78 du catalogue.

Publié dans la revue *Beaux-Arts* du 1er mai 1928, n° 7, pp. 100-101, illustrant un article de M. Paul Vitry, ayant pour titre : *Houdon, dessinateur*.

Planche 74.

HUET (Jean-Baptiste)
Paris, 1745 † 1811.

108 — L'Accord maternel.

Dans une chambre tendue de vert, une jeune maman, en élégant déshabillé, est assise dans un fauteuil; à sa gauche, un petit garçon aux cheveux bouclés, vêtu d'un costume bleu à large ceinture blanche nouée sur le côté, est agenouillé à côté de son cheval de bois et semble le pardonner de quelque espièglerie afin d'obtenir une balle que sa mère tient dans sa main droite et qu'elle fait mine de donner au petit frère tendant ses bras, assis sur son séant dans son berceau. Un chat près de lui suit la scène. Au premier plan, un sac est posé sur une chaise basse; au fond, un paravent peint d'arabesques. Un tapis à ramages de feuillage sur fond vert recouvre la pièce.

Dessin à la plume et lavis d'aquarelle. Signé et daté en bas, au milieu; date illisible.

Haut., 225 millim.; larg., 180 millim.

Cadre en bois mouluré et doré orné, en haut, d'un cartel, style Louis XVI.

Collection de M. Richard. Vente après décès, à Paris, le 18 mars 1872, n° 89.
Collection de M. H. Semiegon. Vente après décès, à Paris, les 9-11 mars 1887, n° 33.
Collection de Madame N.-D... Vente de sa succession à Paris, 17, 18 juin 1914, n° 34 du catalogue, dans lequel il est reproduit.
Cette composition a été gravée en couleur, dans le même sens, de même dimension et avec le titre ci-dessus, par Louis-Marin Bonnet.
Elle a été lithographiée par Lesourd de Beauregard en contre-partie et avec de légères variantes dans les détails des costumes. On en peut voir une épreuve à la Bibliothèque nationale : *Œuvre gravé de J.-B. Huet,* 1er volume.
Exposition de la Vie parisienne au xviiie siècle, au musée Carnavalet, mars-avril 1928, n° 178.

Planche 75.

HUET (Jean-Baptiste)

DEUX PENDANTS

109 — Le Repos du troupeau.

Pendant la chaleur d'un jour d'été, les animaux sont au repos, couchés dans leur pâturage. Seuls, une vache et un mouton se voient debout, à gauche. Vers la droite, à l'ombre d'un grand arbre, le berger joue du flageolet pendant que la bergère, en l'écoutant, se mêle aux jeux de deux enfants dont un est à califourchon sur le dos d'un chien. Un autre chien est couché aux pieds de la bergère.

Dessin à la plume et lavis d'aquarelle. Signé et daté en bas, à gauche : *J.-B. Huet, l'an 3°.*

Haut., 335 millim.; larg., 456 millim.

Planche 76.

110 — Le Départ du troupeau.

Dans un paysage accidenté, le troupeau défile, conduit par des paysannes. Une vache ouvre la marche, des moutons, que talonne un chien, suivent. Puis c'est un cheval et un âne, tous deux bâtés et chargés, fermant la marche.

Dessin à la plume et lavis d'aquarelle. Signé et daté en bas, vers le milieu : *J.-B. Huet, l'an 3°.*

Haut., 335 millim.; larg., 456 millim.

Cadres en bois mouluré, sculpté et doré, d'époque Louis XVI, ornés, en haut, d'un cartel ornementé.

Planche 77.

HUET (Jean-Baptiste)

111 — Le Mouton favori ou Le Berger.

Un jeune berger, couvert d'une peau de mouton, est assis presque de profil à gauche, les jambes croisées; de sa main gauche, il tient un flageolet et, de sa main droite, caresse le dos d'un mouton. A droite, le chien; à gauche, d'autres moutons. Auprès du berger, à terre, sa houlette et son manteau.

Dessin à la plume et lavis d'aquarelle. Signé et daté en bas, à gauche : *J.-B. Huet, 1774.*

Haut., 158 millim.; larg., 127 millim.

Cadre en bois mouluré, sculpté et doré, d'époque Louis XVI, orné, en haut, d'un cartel et de feuillage.

Ce dessin a été gravé par G. Demarteau l'Aîné, en imitation de dessin aux trois crayons, sous le titre : *le Berger.* Cette estampe porte le nº 508 dans l'œuvre du graveur liégeois.

Cf. : LEYMARIE (L. DE), *l'Œuvre de G. Demarteau l'Aîné, Graveur du Roi.* Catalogue descriptif, nº 508.

Planche 60.

HUET (Jean-Baptiste)

112 — Le Passage du gué.

Dans un vallon boisé coule paisiblement un petit ruisseau : le berger, qu'accompagne son chien, s'est assis sur le bord de l'eau et se déchausse pour traverser le gué; une vache et trois brebis l'ont déjà précédé et sont groupées au milieu du courant.

Gouache. Signée et datée en bas, à gauche : *J.-B. Huet, 1772.*

Haut., 210 millim.; larg., 215 millim.

Cadre en bois mouluré, sculpté et doré, époque Louis XVI.

Planche 72.

HUET (Jean-Baptiste)

113 — Le Troupeau effrayé.

Surpris par l'orage qui soulève sur la route des nuages de poussière, les animaux ont pris peur et les bergers à pied et les femmes à âne qui les accompagnent font de vains efforts pour les retenir dans leur course folle.

Dessin à la sanguine et lavis.

Haut., 180 millim.; larg., 335 millim.

Cadre en bois mouluré, sculpté et doré, à perles et feuilles d'eau, époque Louis XVI.

Planche 78.

HUET (Jean-Baptiste)

114 — Rencontre de troupeaux.

Deux troupeaux se sont rencontrés et ont chargé l'un contre l'autre, des bergers s'efforcent à séparer les bêtes; au centre, l'un d'eux a empoigné un âne par la tête pour le retenir dans sa course; les moutons fuient dans toutes les directions, affolés; au fond, un autre berger apaise un bœuf.

Dessin à la sanguine et lavis.

Haut., 200 millim.; larg., 330 millim.

Cadre en bois mouluré, sculpté et doré, à perles et feuilles d'eau, époque Louis XVI.

Planche 78.

HUET (Jean-Baptiste)

DEUX PENDANTS

115 — Intérieur d'étable :
la toilette du veau nouveau-né.

La vache vient de vêler et deux servantes s'empressent; l'une, agenouillée, fait la toilette du jeune veau que sa mère lèche; l'autre, debout, s'apprête à l'aider.

Dessin à la pierre noire et lavis de sépia. Signé en bas, à droite, et daté : *1792*.

Haut., 145 millim.; larg., 220 millim.

Cadre doré, style Louis XVI.

Planche 79.

116 — Intérieur d'étable.

Après avoir donné ses soins au jeune veau, la servante donne un réconfort à la mère vache.

Dessin à la pierre noire et lavis de sépia. Signé en bas, à droite, et daté : *1792*.

Haut., 145 millim.; larg., 220 millim.

Cadre doré, style Louis XVI.

Proviennent du château de Hordosse (Lot-et-Garonne), au marquis de Pompignan (Lefranc de). Vente du 20 juin 1927, n° 1 du catalogue.

Planche 79.

JEAURAT (Étienne)
Vermenton, 1699 † Versailles, 1789.

117 — La Joueuse de vielle.

Elle est représentée en pied, assise sur une chaise rustique, le corps
de trois quarts à droite, la tête retournée de trois quarts à gauche. Elle
est vêtue d'une robe de piqué à grands carreaux et d'un mantelet
décolleté. Sa chevelure bouclée est ornée d'une coiffe de lingerie et
un petit ruban entoure son cou. Elle tient sa vielle des deux mains,
posée sur ses genoux.

Dessin aux crayons de couleur, sur papier gris.

Haut., 390 millim.; larg., 270 millim.

Cadre en bois mouluré, sculpté et doré, orné d'une agrafe, époque
Louis XV.

Planche 80.

LANGENDYCK (Dirck)

Rotterdam, 1748 † 1805.

118 — L'Incendie.

Sur le bord d'une rivière, un immense incendie, activé par le vent qui chasse les flammes et la fumée en nuages épais, dévore l'une après l'autre les habitations du bourg. Un bâtiment couvert en chaume est en ce moment la proie du fléau; une maison, au pignon de pierre, va bientôt subir le même sort. Les habitants s'empressent à porter secours; une chaîne de sauveteurs s'est formée et les seaux d'eau, pris dans la rivière, passent de mains en mains. Des barques chargées de mobilier s'avancent vers la rive opposée où d'autres habitants s'empressent auprès des sinistrés et recueillent les objets sauvés pour les mettre à l'abri.

Dessin à la plume et lavis d'aquarelle. Signé en bas, à gauche, et daté : *1800.*

Haut., 148 millim.; larg., 236 millim.

Cadre en bois mouluré, sculpté et doré, orné de perles et feuilles d'eau, époque Louis XVI.

Planche 64.

LA TOUR (Maurice-Quentin de)
Saint-Quentin, 1704 † 1788.

119 — Portrait de l'artiste, en buste.

Dans l'ovale d'une lucarne, l'artiste s'est représenté en buste, de
trois quarts à droite, presque de face, le visage souriant légèrement
tourné vers la gauche, le bras droit accoudé et la main levée faisant
un signe de son index allongé. Il est vêtu d'un veston brun et coiffé
d'un bonnet d'atelier bordé de fourrure posé de côté sur la tête.

Pastel.   Haut., 550 millim.; larg., 490 millim.

Cadre ancien en bois mouluré, sculpté et doré, décoré d'une
bordure à feuilles d'eau et orné, en haut, d'une agrafe faite d'un cartel
à coquille accompagnée de fleurons feuillagés, époque Louis XV.

La Tour a exécuté plusieurs fois son portrait dans cette attitude; ce pastel
est l'une de ces répétitions.

Gravé par Schmidt, son ami, avec quelques accessoires dans le fond qui
ne figurent pas dans le portrait original, mais qui s'expliquent par la description
que donne le graveur lui-même dans le catalogue de son œuvre.

A figuré, sous le n° 47, à l'Exposition des Cent Pastels, en mai 1908, à la
galerie Georges Petit.

Dans la publication faite après cette exposition, M. Roger-Milès reproduit
la description du graveur Schmidt; la voici :

« Le portrait de Latour. Il est représenté à mi-corps, regardant par une
fenêtre sur laquelle il s'appuie, et montre, de la main gauche, une porte
fermée qu'on voit dans le fond; il a la mine riante. Derrière lui, il y a un
chevalet. Voici l'occasion qui lui donna l'idée de se peindre dans cette attitude :
M. de Latour avait parmi ses amis un certain abbé qui venait le voir très
fréquemment et passait souvent une partie de la journée avec lui, sans s'aper-
cevoir qu'il l'incommodait quelquefois. Un jour, notre peintre, résolu de
faire son propre portrait, avait fermé sa porte au verrou pour être seul.
L'abbé ne tarde pas à venir et à frapper à la porte. M. de Latour, qui l'enten-
dait et qui était dans l'attitude de dessiner, fait le geste de pantomime que
nous voyons dans son portrait. Il semble se dire à lui-même : voilà l'abbé,
il n'a qu'à frapper, il n'entrera pas. Cette attitude ayant plu au peintre, il prit
le parti de s'y peindre. »

Un autre pastel du même portrait, d'une exécution plus serrée et d'une
meilleure conservation, figurait à la même exposition, sous le n° 49; il appar-
tenait à Mme la princesse de Polignac.

Ce même pastel provenait, ainsi qu'un autre du même artiste représentant
Dupeuch, son maître de dessin, des environs de Saint-Quentin.

Planche 81.

LA TOUR (Maurice-Quentin de)

120 — Portrait de Jean-Jacques Rousseau.

On n'aperçoit que le haut du buste du philosophe, assis sur une chaise à dossier de bois. Il est vêtu d'un habit et d'un gilet gris. Son jabot de batiste uni et la poudre de sa perruque sont d'un blanc grisâtre. Les joues mal rasées offrent une coloration presque semblable. Dans tout ce gris éclate la lumière de deux yeux sur lesquels la paupière inférieure retroussée remonte un peu par un plissement de tristesse attendrissante.

Pastel.

Haut., 520 millim. ; larg., 380 millim.

Cadre en bois doré, style Louis XV.

Vente après le décès de la baronne Bartholdi, le 13 mai 1911, n° 5 du catalogue. Les tableaux, pastels et dessins de cette vente provenaient de l'ancienne galerie Delessert.

Catalogue des tableaux de M. François Delessert, n° 99.

Le musée de Saint-Quentin possède, dans la série de pastels légués à sa ville natale par La Tour, un portrait de J.-J. Rousseau, portant le n° 12 et qui, plus petit que celui décrit ci-dessus, présente aussi avec lui quelques légères différences.

En dehors du pastel conservé à Saint-Quentin, La Tour a dû exécuter deux fois le portrait de J.-J. Rousseau, ainsi qu'en témoignent les deux citations suivantes : l'une extraite des *Confessions*, l'autre, une lettre de J.-J. Rousseau à l'artiste. (Henry LAPAUZE : *Les Pastels de M.-Q. de La Tour à Saint-Quentin.)*

« Quelque temps après mon retour à Mont-Louis, La Tour, le peintre, vint m'y voir et m'apporta mon portrait au pastel, qu'il avait exposé au Salon, il y avait quelques années (en 1753). Il avait voulu me donner ce portrait que je n'avais pas accepté. Mais Mme d'Épinay, qui m'avait donné le sien et qui voulait avoir celui-là, m'avait engagé à le lui redemander. Il avait pris du temps pour le retoucher. Dans cet intervalle vint ma rupture avec Madame d'Épinay; je lui rendis son portrait et n'étant plus question de lui donner le mien, je le mis dans ma chambre au petit château. Mr de Luxembourg l'y vit et le trouva bien ; je le lui offris, il l'accepta ; je le lui envoyai... » (J.-J. ROUSSEAU, *Confessions*, 2ᵉ partie, livre X, 1760.)

Rousseau, décrété de prise de corps le 10 juin 1762, sur les conclusions de Joly de Fleury, pour son livre *Émile ou l'Éducation*, s'était enfui à Genève. Le 14 octobre 1764, il écrivit à La Tour pour le remercier de l'envoi de son portrait.

« A M. de La Tour.

« A Motiers, le 14 octobre 1764.

« Oui, Monsieur, j'accepte encore mon second portrait. Vous savez que j'ai fait du premier un usage aussi honorable à vous qu'à moi, et bien précieux à mon cœur. M. le Maréchal de Luxembourg daigna l'accepter; Madame la Maréchale à daigné le recueillir. Ce monument de votre amitié, de votre générosité, de vos rares talents occupe une place digne de la main dont il est sorti. J'en destine au *second* une plus humble, mais dont le même sentiment a fait choix. Il ne me quittera point, Monsieur, cet admirable portrait qui me rend en quelque façon l'original respectable. Il sera sous mes yeux chaque jour de ma vie; il parlera sans cesse à mon cœur; il sera transmis après moi *dans ma famille*, et ce qui me flatte le plus dans cette idée, c'est qu'on s'y souviendra toujours de notre amitié. J.-J. Rousseau. »

C'est ce second portrait de Rousseau, par La Tour, conservé dans la famille Delessert et provenant directement du philosophe, ami de cette famille, qui est décrit ci-dessus.

Ce pastel, considéré comme souvenir de famille, ne figura pas à la vente de la galerie Delessert, faite à Paris en 1869. Mais il est décrit, sous le nᵒ 99, dans le catalogue des tableaux de M. François Delessert.

Vente Delessert, Paris 1869.

Vente après décès de madame Bartholdi, à Paris, le 13 mai 1911, nᵒ 5.

Exposition des Pastellistes français des xviiᵉ et xviiiᵉ siècles, chez Charpentier, mai-juin 1927, nᵒ 53 du catalogue.

Cf. : CHAMPFLEURY, *La Tour* (série des Artistes Célèbres). — HENRY LAPAUZE, *Les Pastels de La Tour à Saint-Quentin.* — E. DACIER et P. RATOUIS DE LIMAY, *Pastels français des XVIIᵉ et XVIIIᵉ siècles*, cité nᵒ 55, p. 72, pl. XXXVIII.

Planche 82.

LA TOUR (Maurice-Quentin de)

121 — Masque de jeune femme.

Elle est représentée presque entièrement de face, avec une partie du cou et l'indication d'un fichu de gaze, sur les épaules qu'on devine. La chevelure est seulement esquissée en masse; mais les yeux, le nez et la bouche, très étudiés, donnent une impression de vérité et de vie à ce visage souriant que seul La Tour a su exprimer. Léger frottis de couleur rose sur les joues; fond bleuté.

Préparation au pastel.

Haut., 3o1 millim.; larg., 233 millim.

Beau cadre en bois sculpté et doré, de forme et côtés contournés, présentant une riche décoration aux angles, ainsi qu'aux milieux, de motifs à coquilles, rocailles, fleurons et branchages, avec parties ajourées, fin de l'époque Louis XV. (Agrandi légèrement.)

Reproduit en noir dans : Société de Reproductions de Dessins de Maitres, *Les Préparations de M.-Q. de La Tour conservées dans les Musées et Collections particulières* (à l'exception du musée de Saint-Quentin).

Exposition des Pastellistes français des xvii⁰ et xviii⁰ siècles, chez Charpentier, mai-juin 1927, n° 69 du catalogue.

Planche 83.

LAWREINCE (Nicolas)

Stockholm, 1737 † 1807.

122 — Les Soins mérités.

Dans une chambre à coucher dont on voit, à gauche, le lit aux
grands rideaux, une jeune femme est assise dans un fauteuil, les pieds
sur un tabouret. Entre ses bras, sur ses genoux, elle tient un petit chien
auquel une vieille chambrière s'apprête à donner médecine. A côté, se
trouve un petit guéridon sur lequel sont posés une tasse et un petit pot
à lait. Derrière la vieille, près d'une chaise, une cruche et un seau.

Dessin à l'aquarelle et rehauts de gouache.

Haut., 211 millim.; larg., 152 millim.

Cadre en bois mouluré, sculpté et doré, époque Louis XVI.

Composition plus petite et présentant quelques variantes avec la gouache
du même sujet gravée en noir, au burin, par de Launay le jeune, d'après
Lawreince, sous le même titre, au-dessous duquel est ce diptyque :

> Ce petit animal est aimé comme il aime.
> Il souffre : on veut sauver la Fidélité même.

Vente de la succession de Mme de Beaussier, au château de Lataule, près
Compiègne, 1er-5 décembre 1904, n° 11 du catalogue. Dans cette même vente,
outre l'aquarelle suivante, se trouvaient encore deux autres aquarelles de
Lawreince, ayant été gravées par Mixelle sous les titres : *Jamais d'accord,
le Serin chéri.*

Exposition de la Vie Parisienne au xviiie siècle, au musée Carnavalet,
mars-avril 1928, n° 189.

Cf. : Emm. Bocher *Les Gravures françaises du XVIIIe siècle. N. Lawreince,*
n° 60.

Planche 84.

LAWREINCE (Nicolas)

123 — Pauvre Minet, que ne suis-je à ta place?

Dans une alcôve que ferment des rideaux drapés sur un lit de repos, une jeune femme est assise, tenant sur ses genoux un chat qu'elle caresse. Elle est vêtue d'une robe d'intérieur au corsage décolleté et coiffée d'un bonnet orné de rubans de satin. Près d'elle, une petite table dont le tiroir est entr'ouvert ; à terre, devant elle, une brochure ouverte.

Dessin à l'aquarelle et rehauts de gouache.

Haut., 205 millim.; larg., 140 millim.

Cadre en bois mouluré, sculpté et doré, époque Louis XVI.

Même provenance que l'aquarelle précédente, n° 11 du catalogue.

C'est le sujet gravé de même grandeur, en couleur et en contre-partie, par F. Janinet, avec le titre ci-dessus.

Exposition de la Vie Parisienne au xviii° siècle, au musée Carnavalet, mars-avril 1928, n° 190.

Cf. : Emmanuel Bocher, *les Gravures françaises du XVIII° siècle*. Fascicule consacré à N. Lawreince, n° 47.

Planche 84.

LAWREINCE (Nicolas)

124 — La Jeune Fermière.

Dans une cour de ferme, une jeune fille élégamment vêtue, décolletée et coiffée d'un petit chapeau, debout, marche doucement de
crainte de déranger coq et poules.

Gouache.

Haut., 285 millim.; larg., 215 millim.

Cadre en pâte dorée, style Louis XVI.

Collection de M. Dubois, marchand orfèvre-joaillier. Vente du 31 mars
1784, n° 177 du catalogue. M. Lebrun, expert, la qualifiait ainsi : « Cette
gouache des plus agréables et d'un ton argentin ».

Cf. : EMMANUEL BOCHER, *les Gravures françaises du XVIIIe siècle : Œuvre
gravée d'après Nicolas Lawreince*, p. 59.

Planche 85.

PARIS

IMPRIMERIE GEORGES PETIT

Jules AUGRY, Directeur

12, RUE GODOT-DE-MAUROI, 12

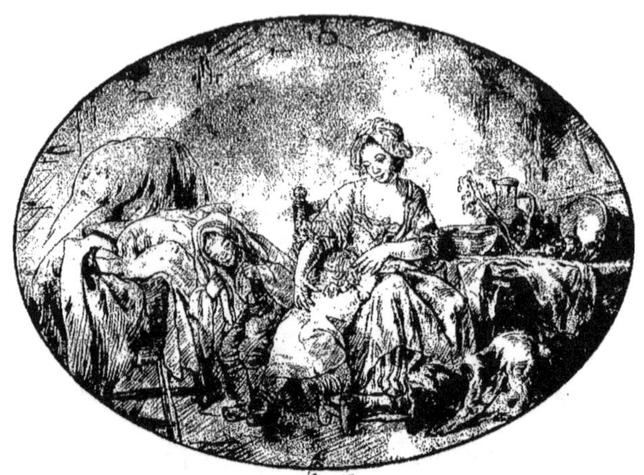

1 — AUBRY (E.). *L'Heureuse Mère*.

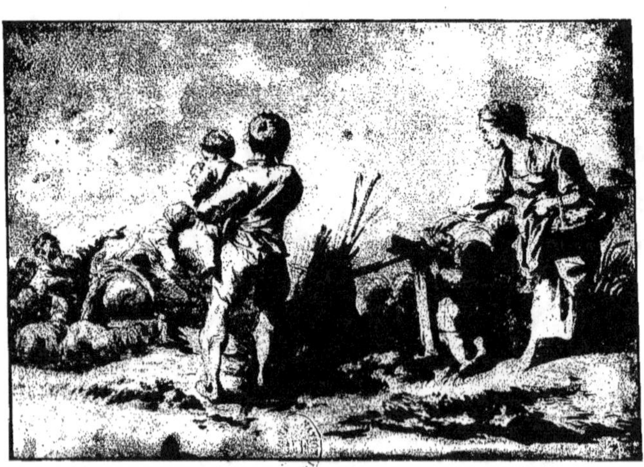

34 — BOUCHER (F.). *La Caravane*.

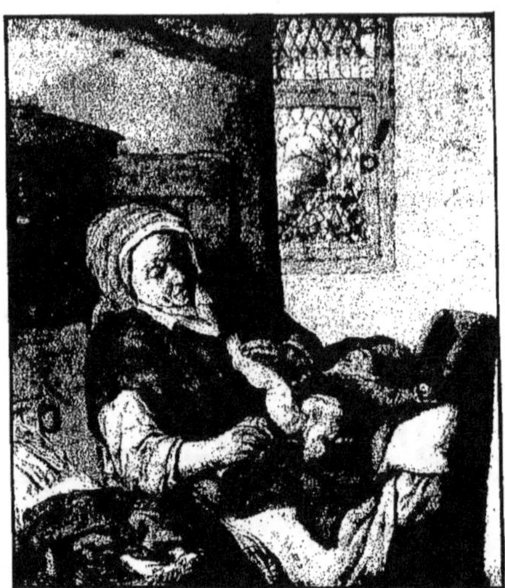

66 — Dusart (C.). *La Vieille Nourrice.*

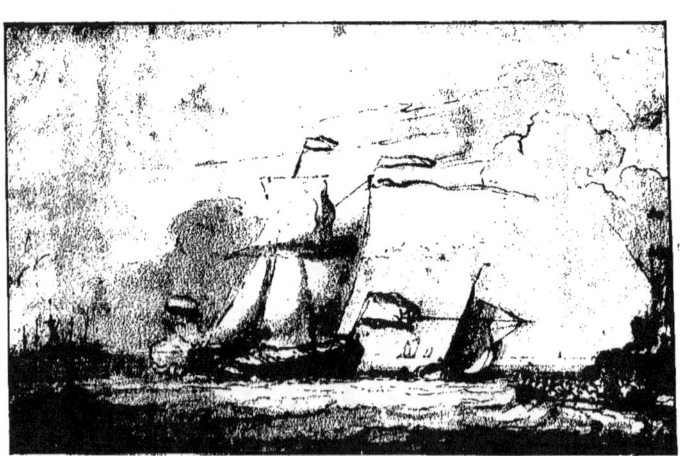

2 — Bakhuysen (L.). *Navire au radoub.*

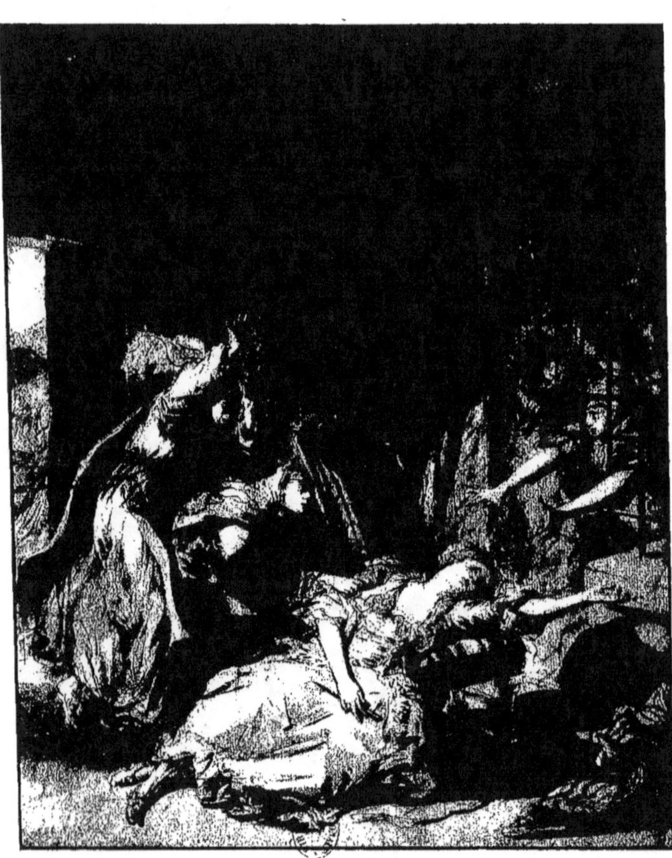

3 — BAUDOUIN (P.-A.). *Désespoir d'amour.*

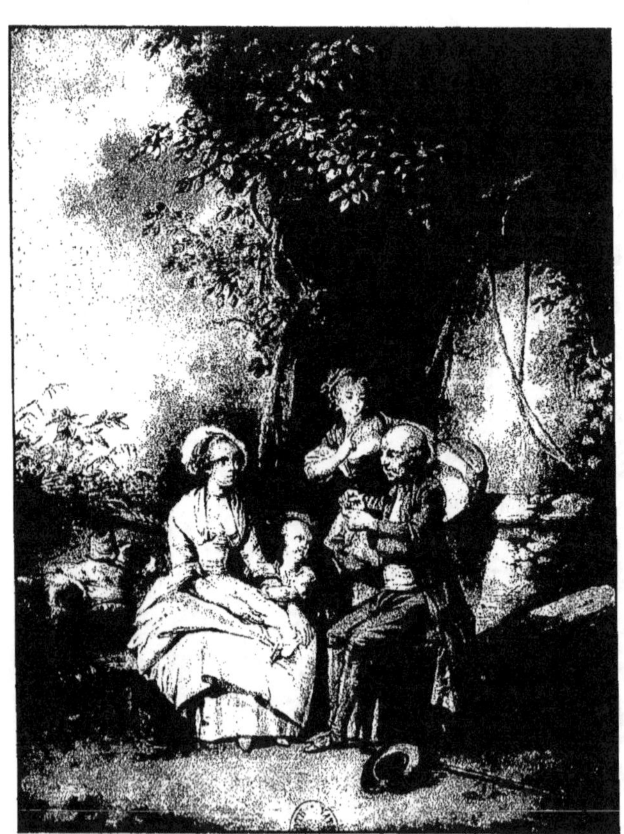

4 — BENAZECH (C.). *Le Vieillard complaisant.*

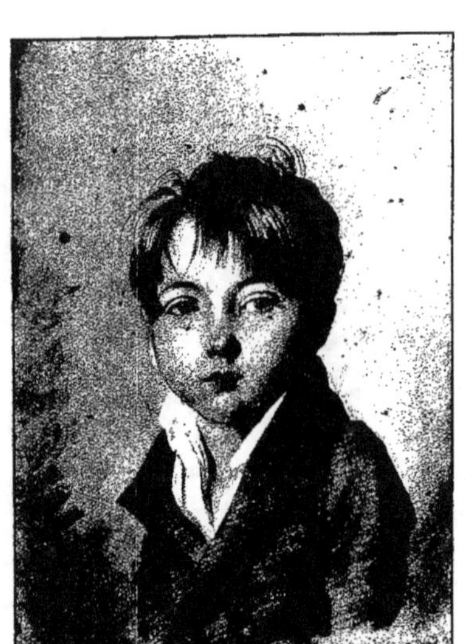

6 — Boilly (L.-L.). *Portrait d'un jeune garçon.*

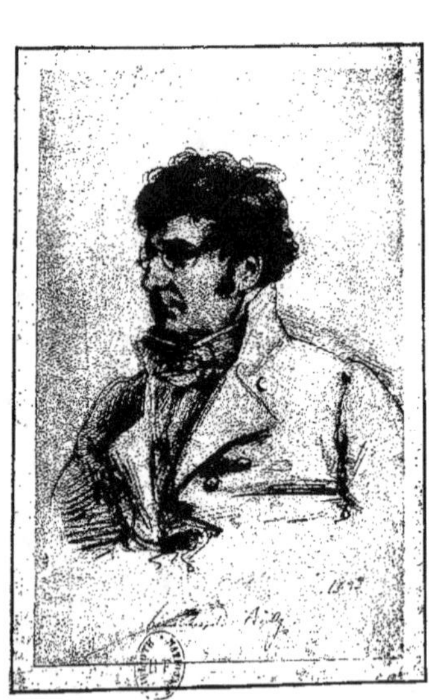

5 — Boilly (L.-L.). *Portrait de l'artiste.*

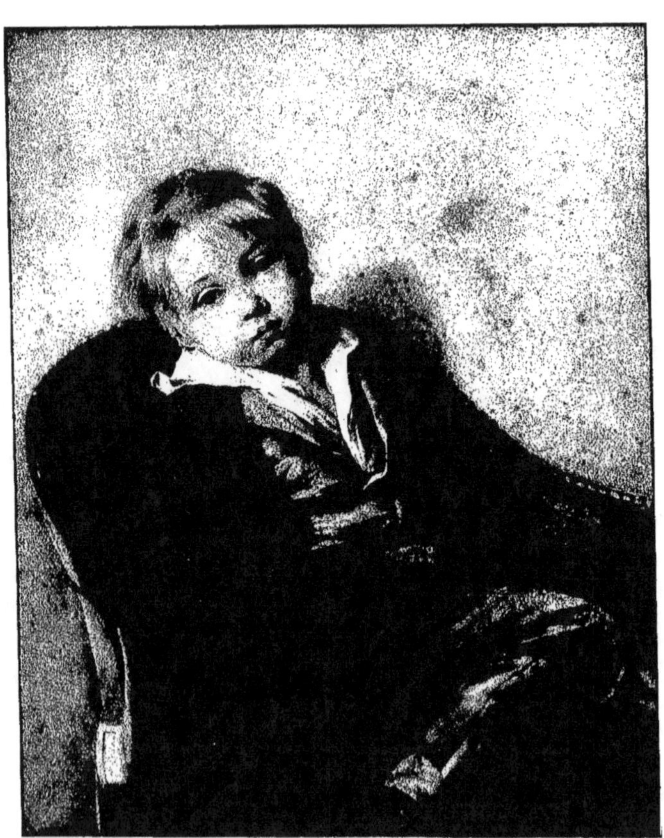

7 — BOILLY (L.-L.). *Portrait de l'un des fils de l'artiste.*

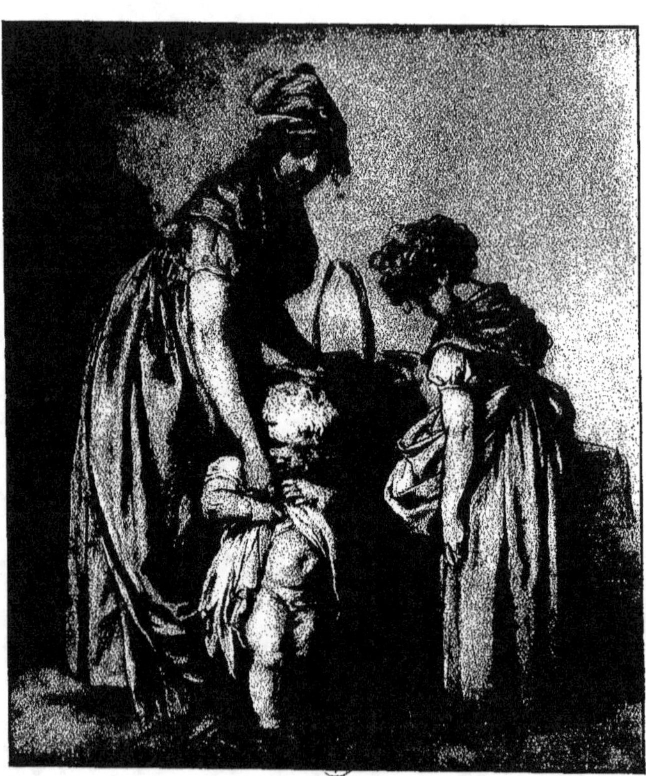

8 — BOILLY (L.-L.). *La Petite Précaution.*

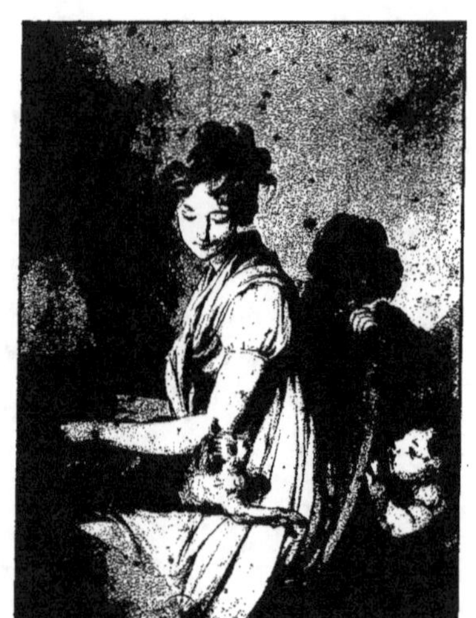

10 — Boilly (L.-L.). *La Distraction.*

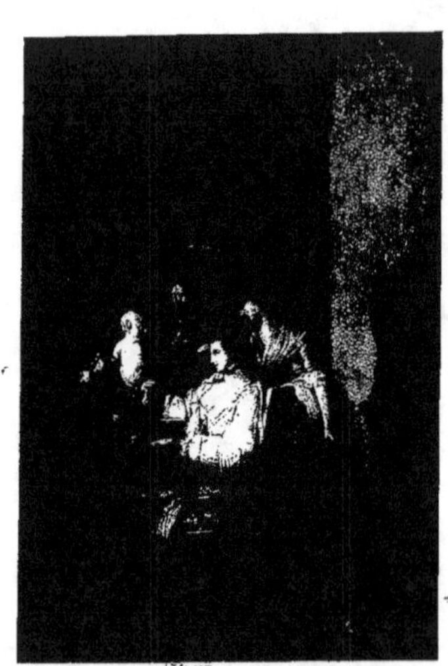

9 — Boilly (L.-L.). *L'Accident réparé.*

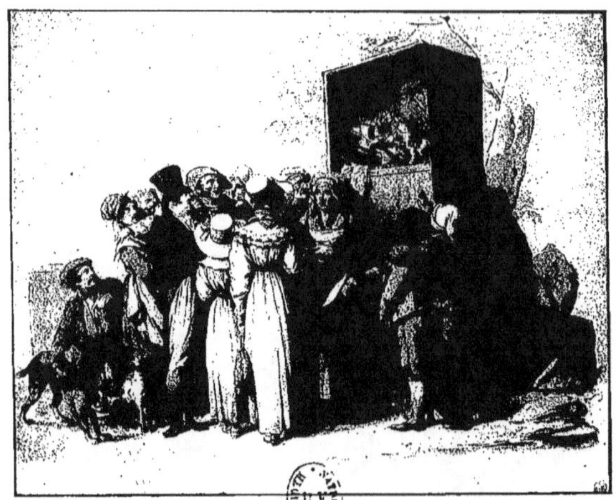

11 — BOILLY (L.-L.). *Guignol en plein air*.

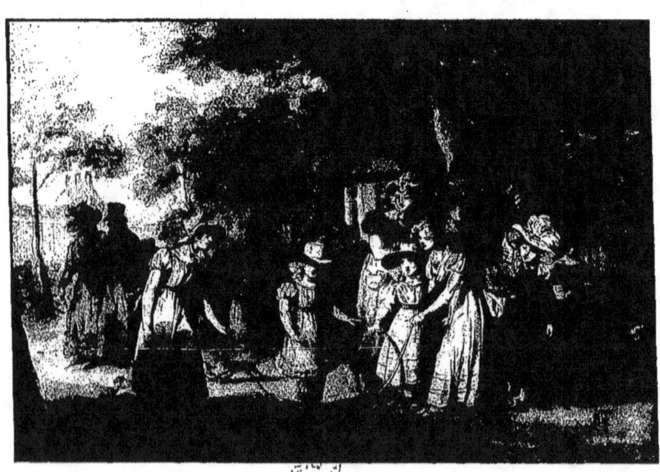

12 — BOILLY (L.-L.). *Le Jardin des Tuileries pendant la Restauration*.

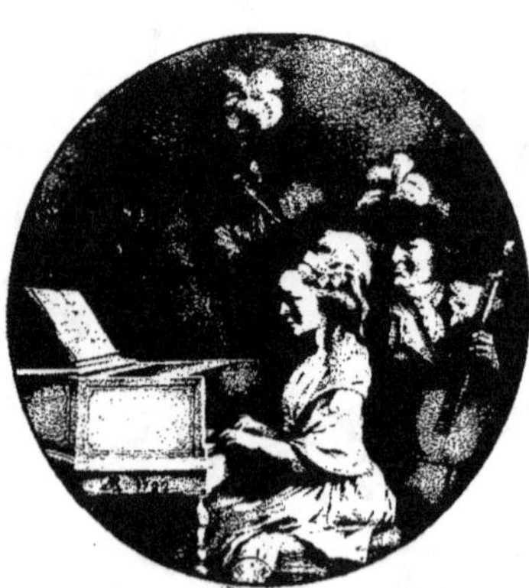

13 — Boissieu (J.-J. de). *Le Bénédicité.* 14 — Boissieu (J.-J. de). *Le Concert.*

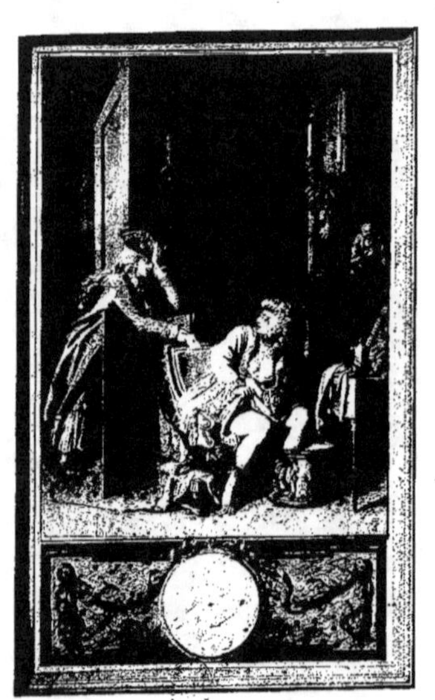

15 — Borel (A.).
La Surprise ou *Le Messager indiscret.*

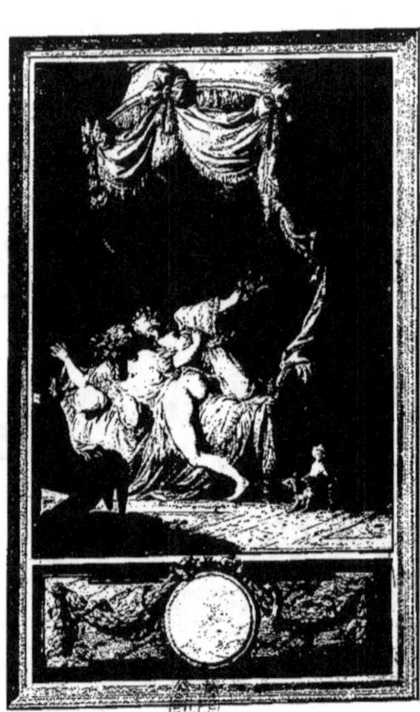

16 — Borel (A.).
Le Châtiment ou *La Correction.*

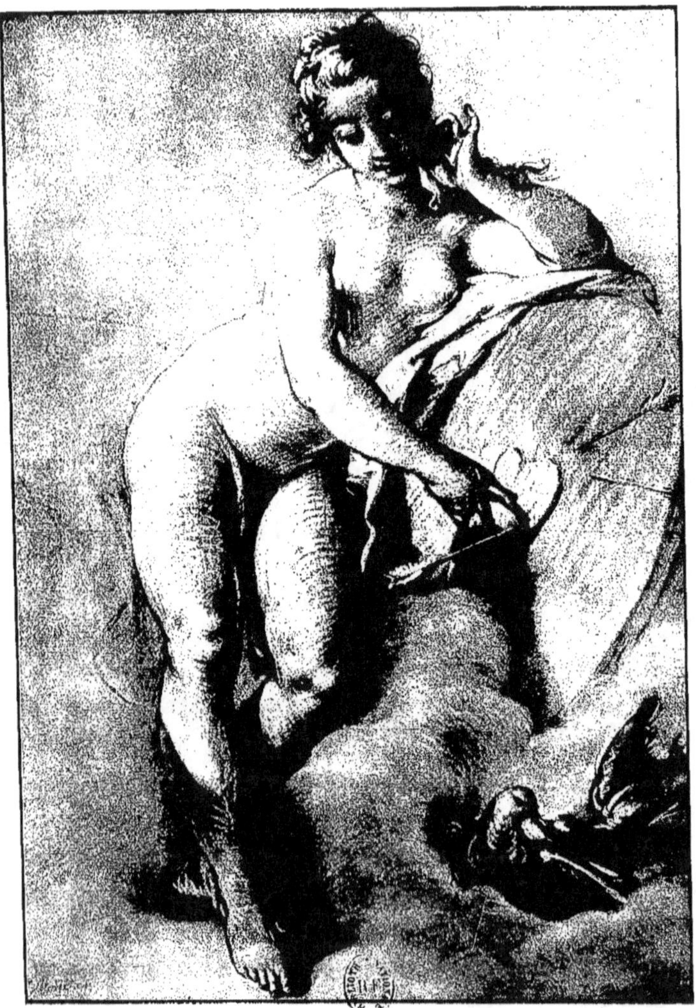

17 — BOUCHER (F.). *Vénus au cœur.*

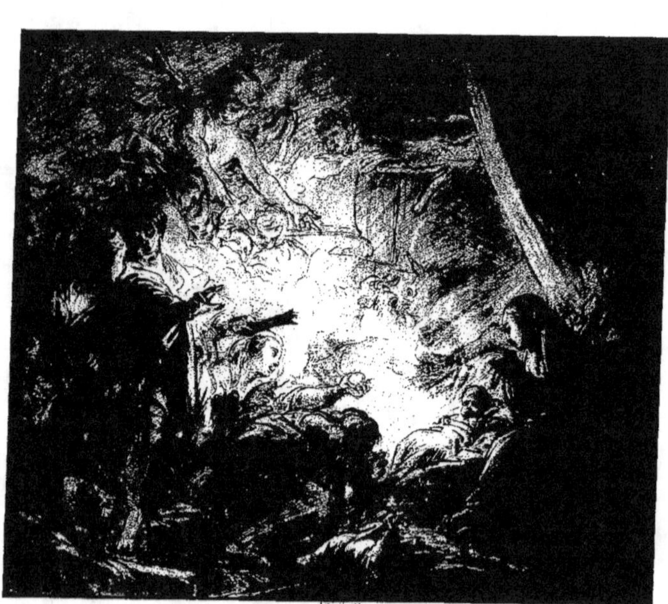

18 — Boucher (F.): *L'Adoration des bergers.*

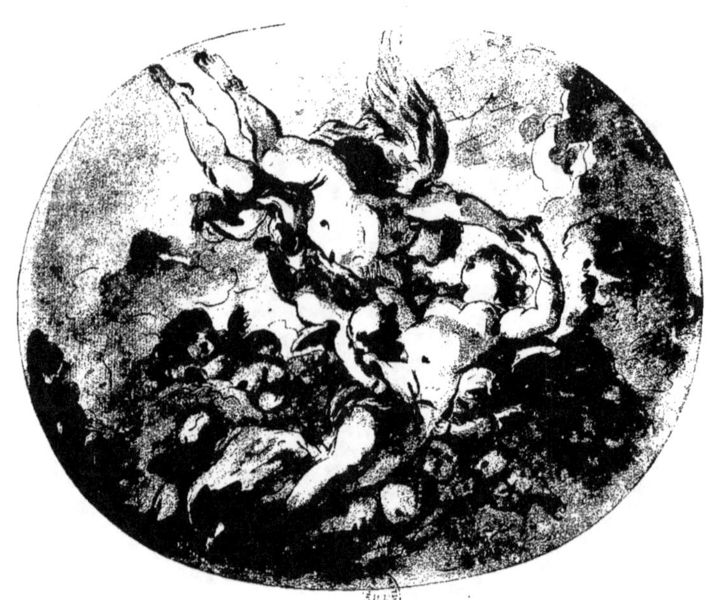

19 — BOUCHER (F.) *Composition mythologique.*

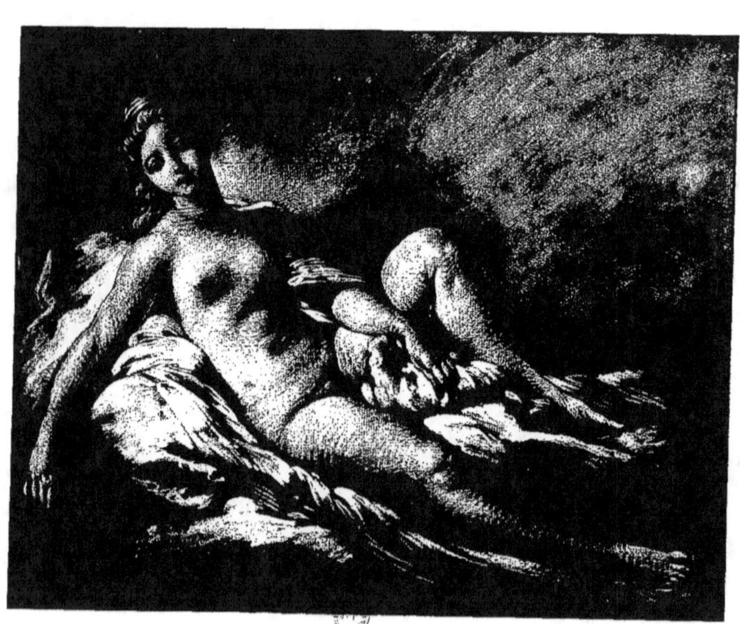

20 — Boucher (F.). *Le Réveil de Vénus.*

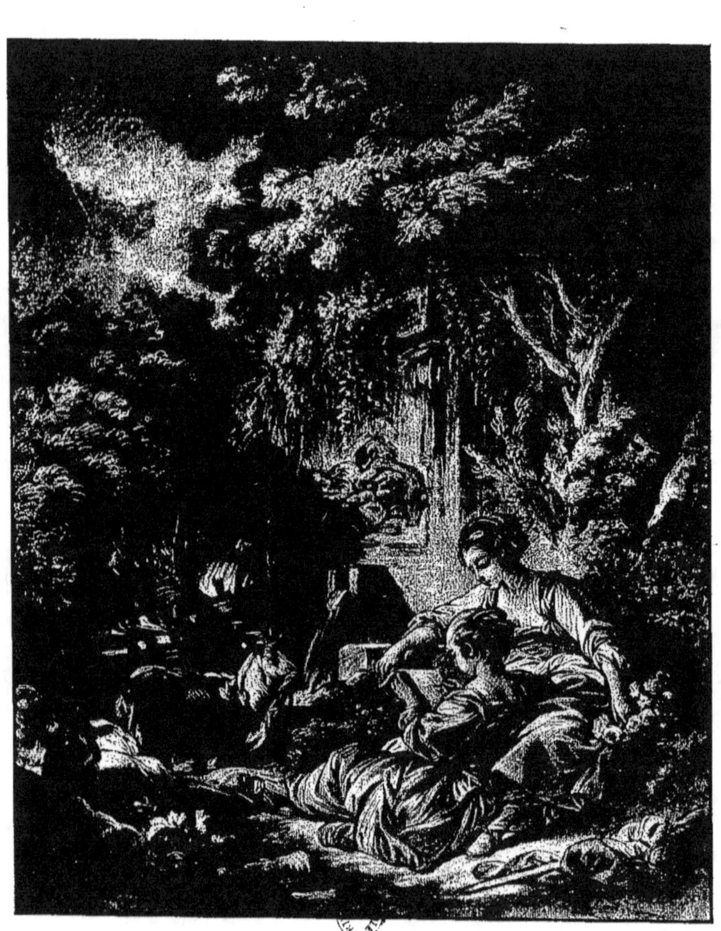

21 — Boucher (F.). *La Confidence.*

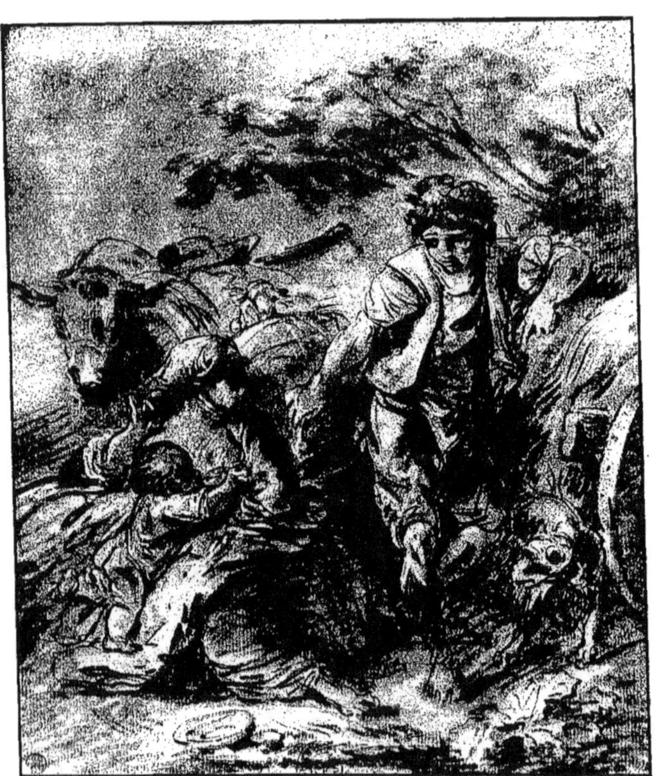

22 — BOUCHER (F.): *Le Retour des champs.*

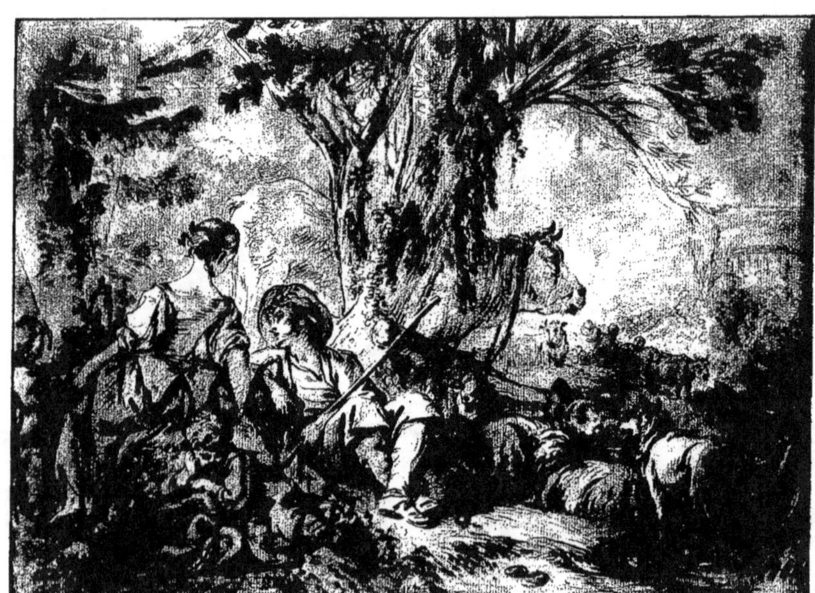

23 — Boucher (F.). *Le Repos champêtre.*

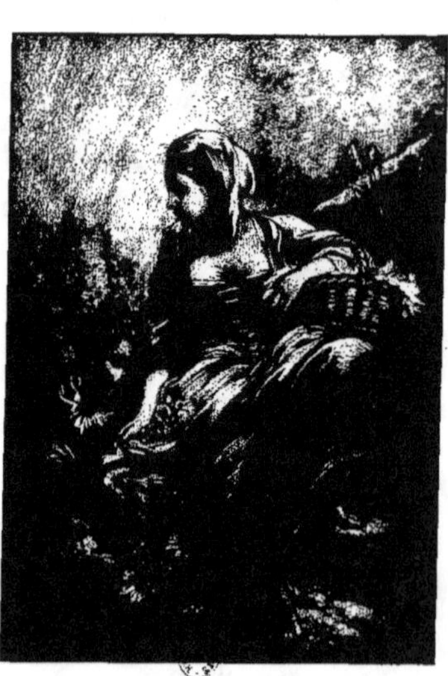

24 — BOUCHER (F.).
Paysanne portant son enfant.

29 — BOUCHER (F.).
Paysanne et son enfant.

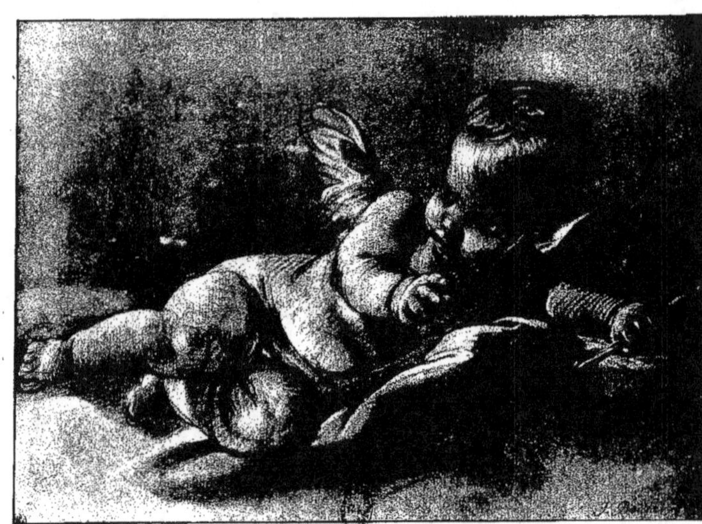

25 — Boucher (F.). *L'Amour menaçant.*

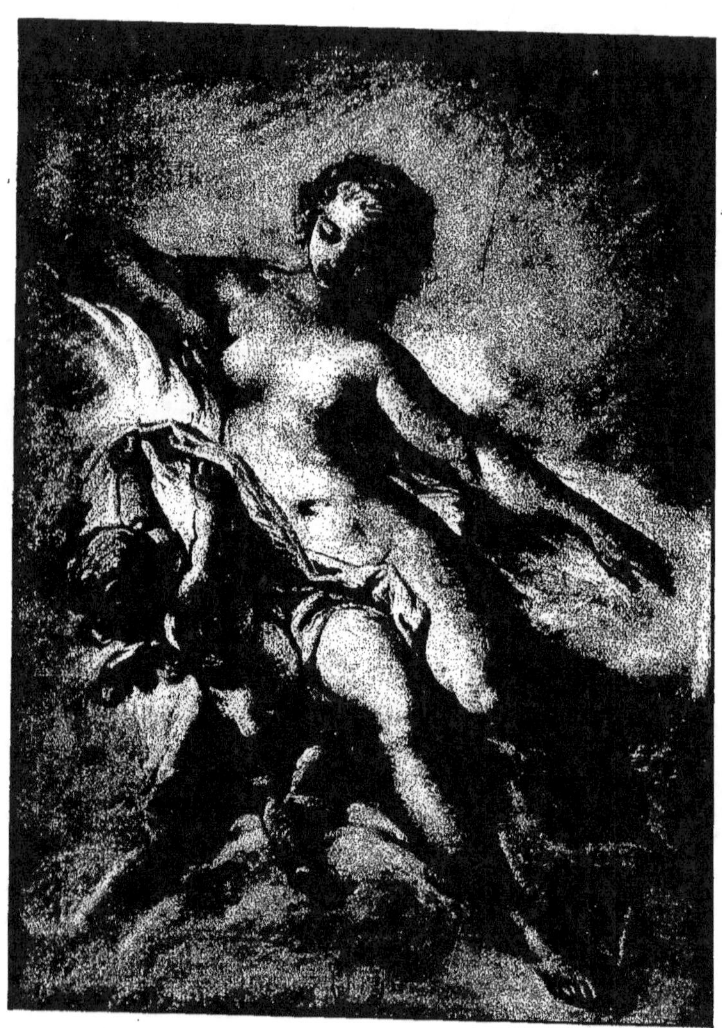

26 — BOUCHER (F.). *Vénus et l'Amour.*

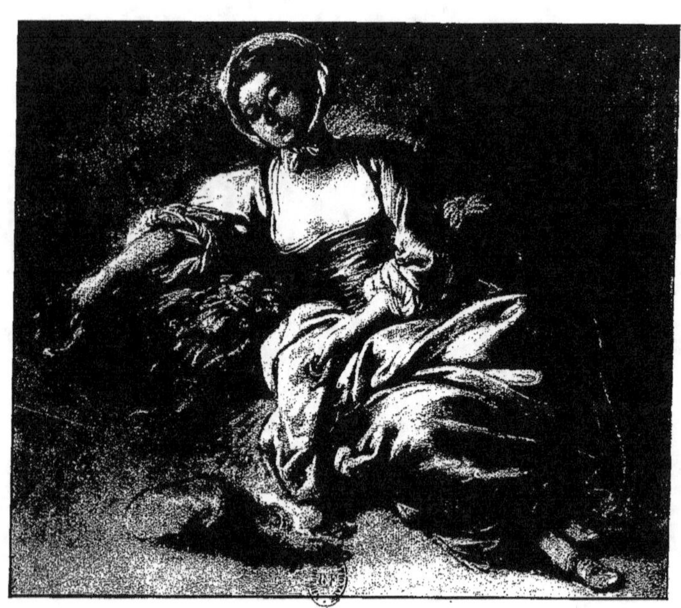

27 — BOUCHER (F.). *La Jeune Fille à la couronne.*

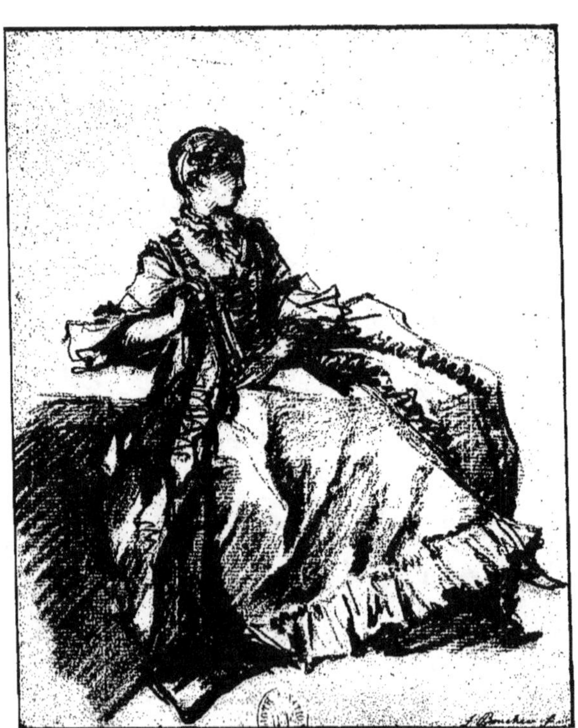

28 — Boucher (F.). *Étude pour « Le Magnifique »*.

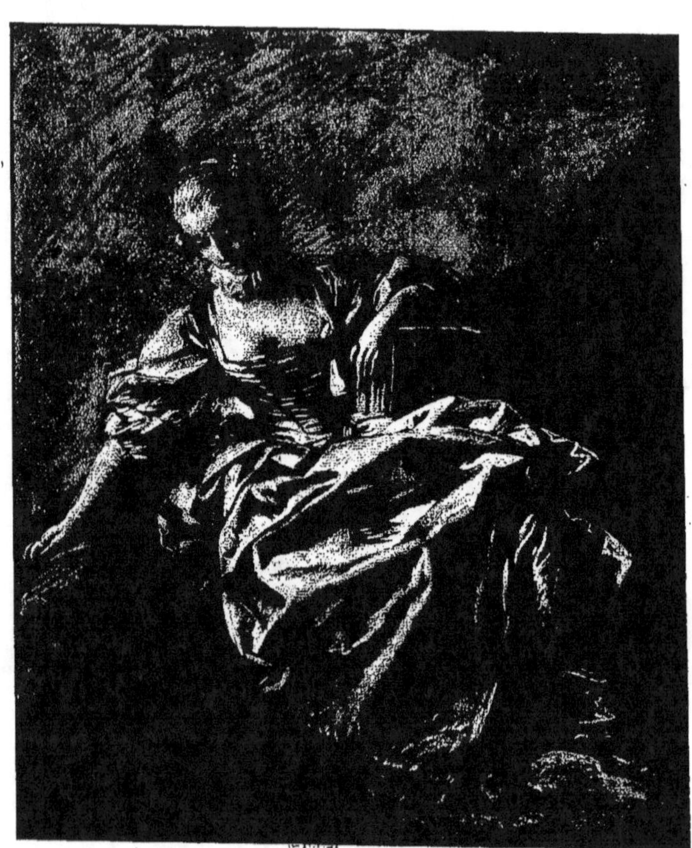

30 — BOUCHER (F.). *La Jeune Fille à la cage.*

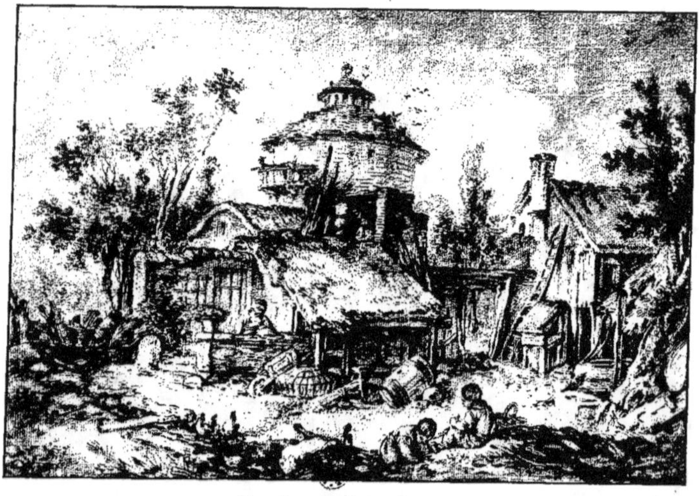

31 — BOUCHER (F.). *Cour de ferme.*

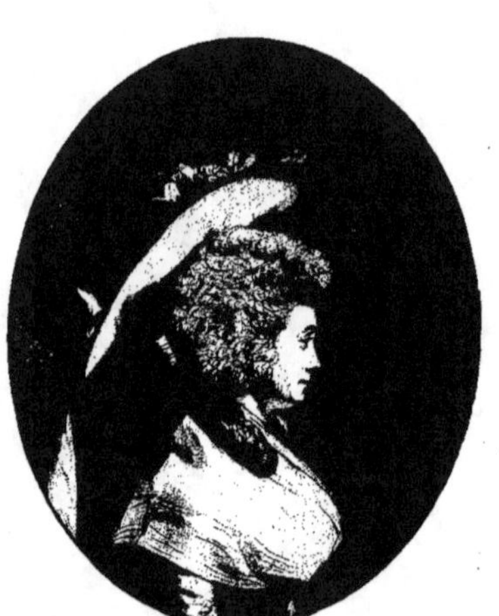

57 — DANLOUX (H.-P.).
Portrait de Madame Danloux, femme de l'artiste.

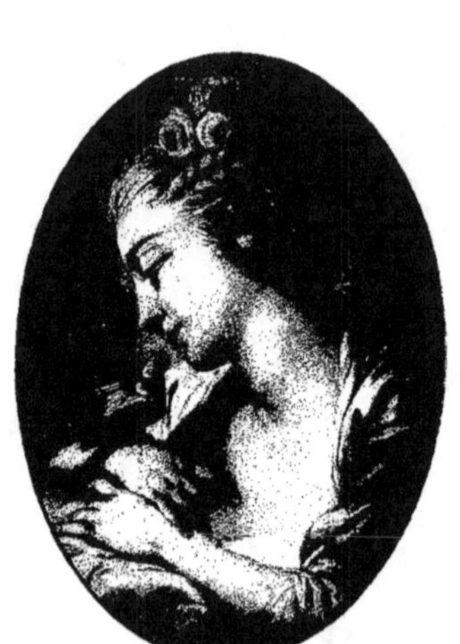

32 — BOUCHER (F.).
La Jeune Fille à l'oiseau.

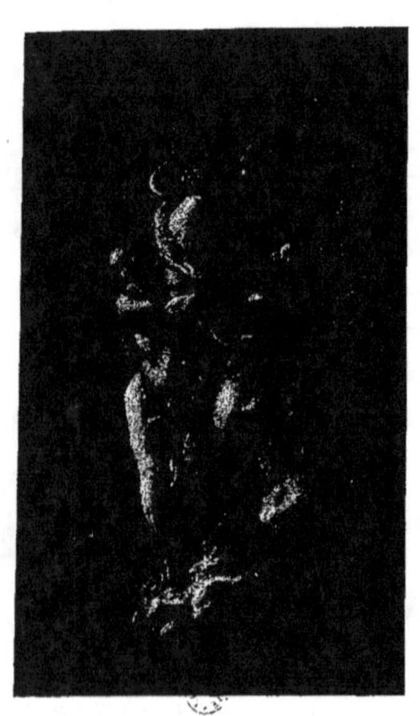

33 — Boucher (F.). *Projet de candélabre.*

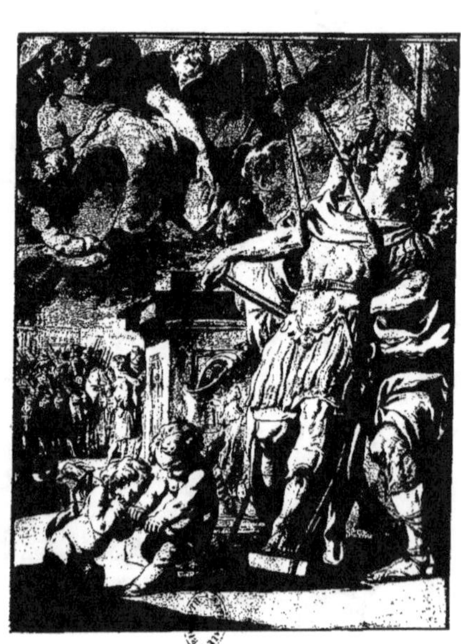

71 — Eisen (C.-D.-J.).
Allégorie sur l'érection d'une statue à Louis XV.

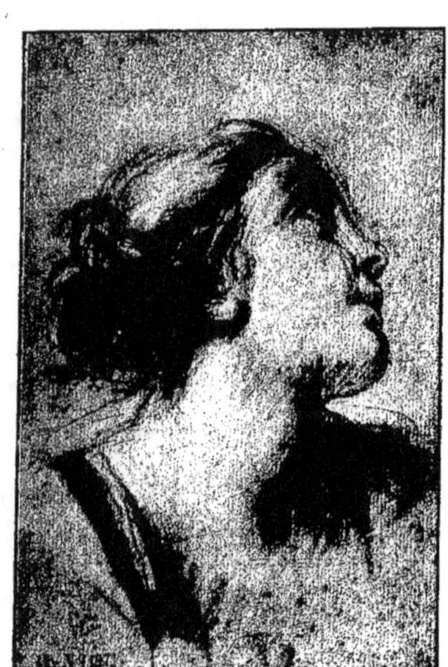

35 — Boucher (F.). *Tête de femme.*

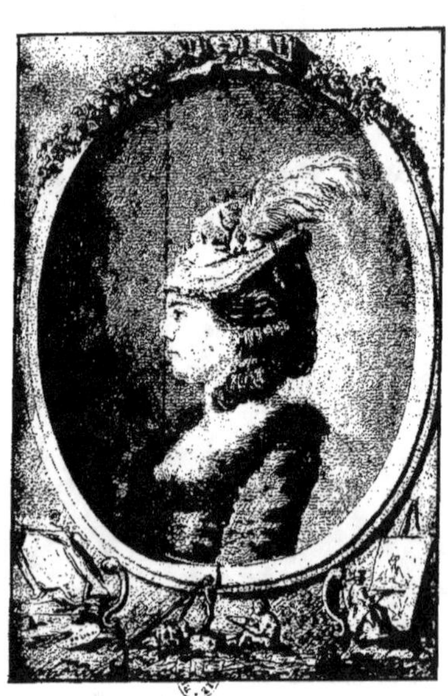

68. — École Française (XVIIIᵉ siècle).
Portrait de jeune femme peintre.

Planche 28.

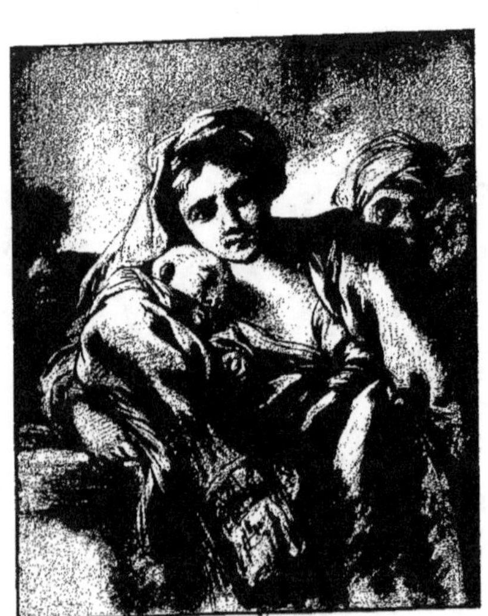

36 — Boucher (F.). *La Jeune Mère.*

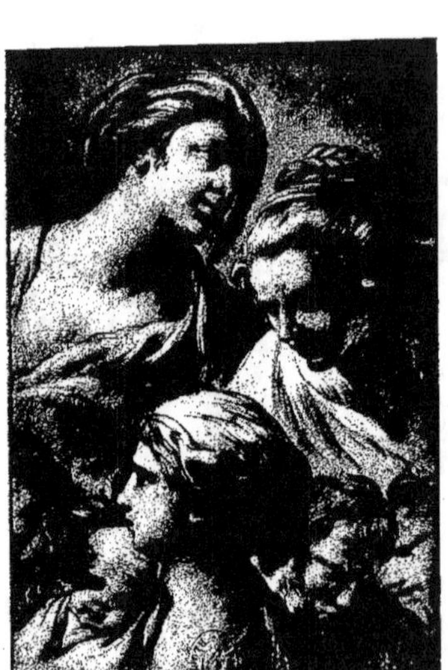

37 — Boucher (F.). *Études de têtes.*

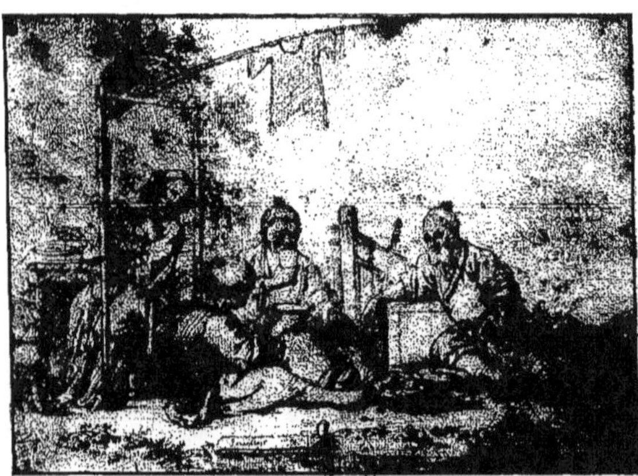

38 — Boucher (F.). *Le Repas chinois.*

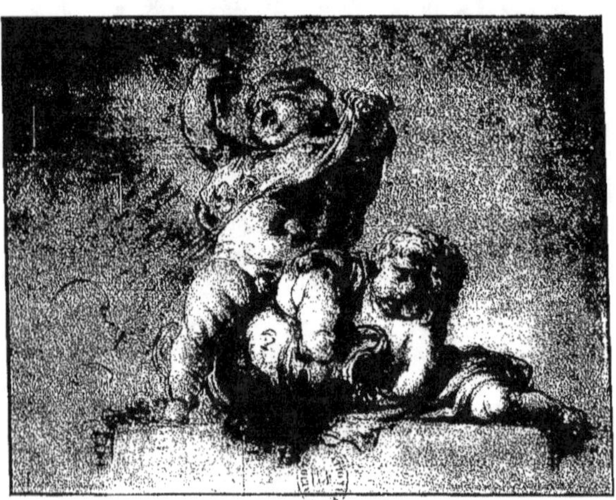

46 — Clodion (C. Michel, dit).
Groupe d'enfants symbolisant l'automne.

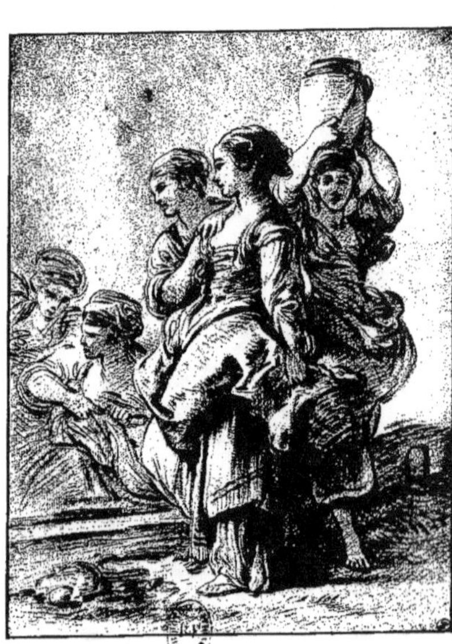

40 — Boucher (F.). *Retour à la ferme.*

39 — Boucher (F.). *Le Retour du marché.*

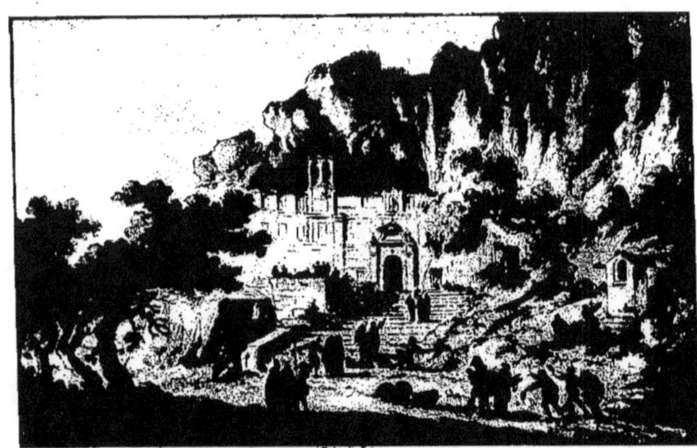

41 — Chatelet (C.-L.). *Grotte de Sainte-Rosalie, près Palerme.*

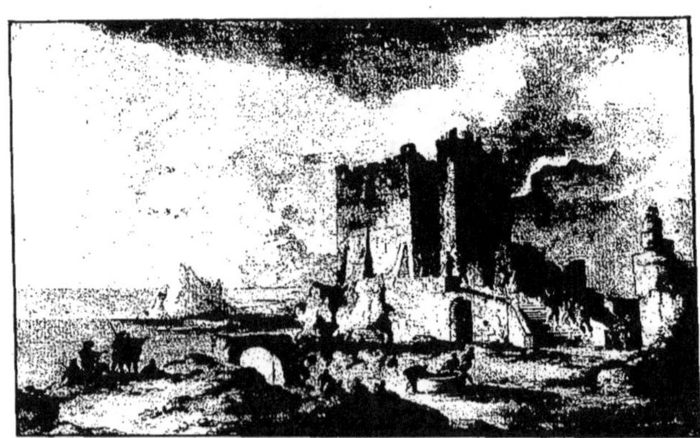

42 — Chatelet (C.-L.). *Vue d'un château, près Trapani.*

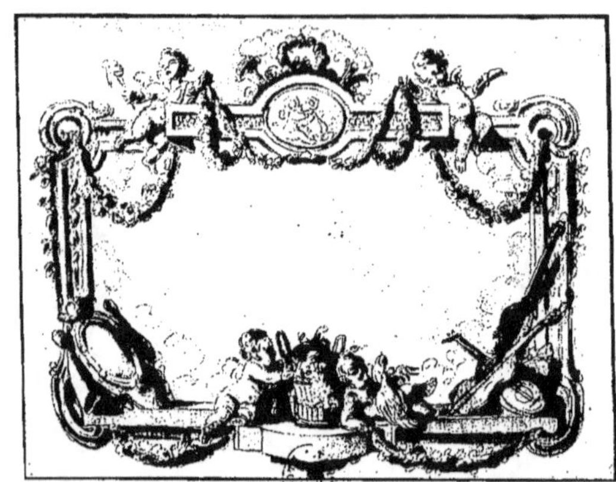

43 — CHOFFARD (P.-P.). *Cadre ornementé pour une « invitation ».*

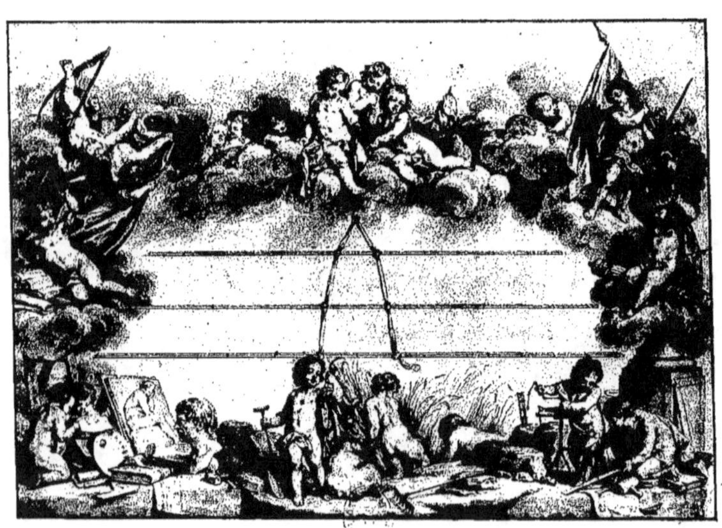

56 — COCHIN LE FILS (C.-N.). *Cartel ornementé.*

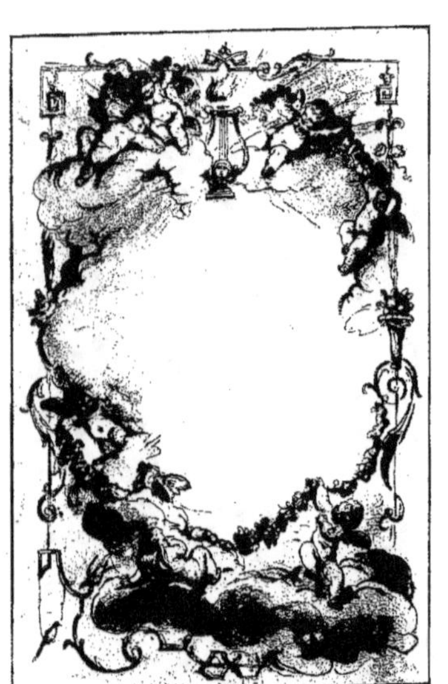

44 — CHOFFARD (P.-P.).
Frontispice pour un cahier de musique.

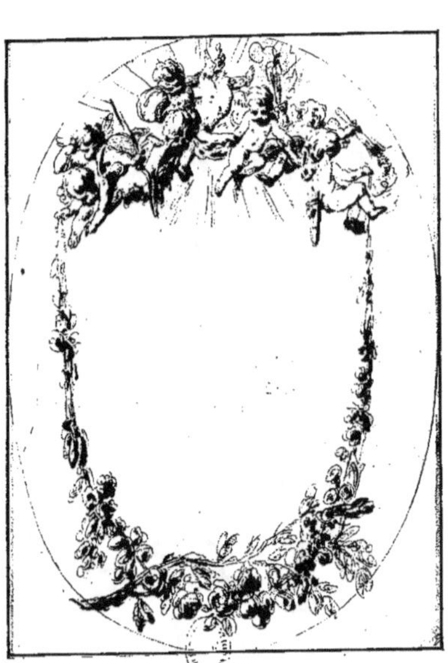

45 — CHOFFARD (P.-P.).
Cadre ornementé.

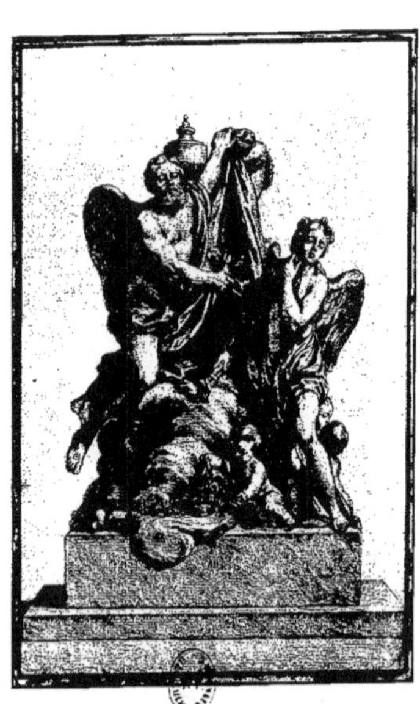

54 — Cochin le Fils (C.-N.).
Le Chanteur de cantiques, dans les rues de Paris.

47 — Cochin le Fils (C.-N.).
*Projet de mausolée pour le Dauphin, fils de Louis XV,
et la Dauphine, Marie-Josèphe de Saxe.*

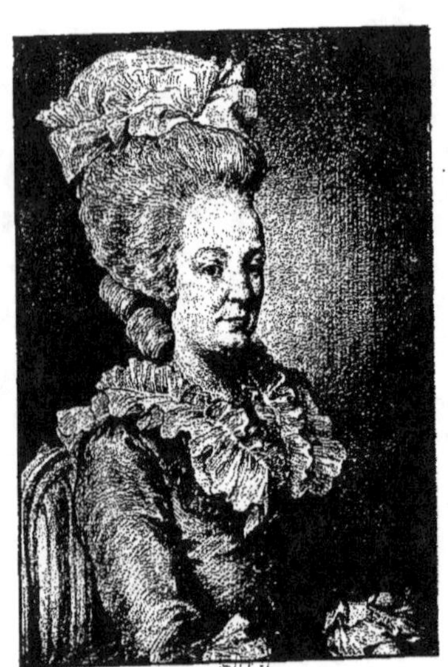

48 — Cochin le Fils (C.-N.).
Portrait de femme, à haute coiffure.

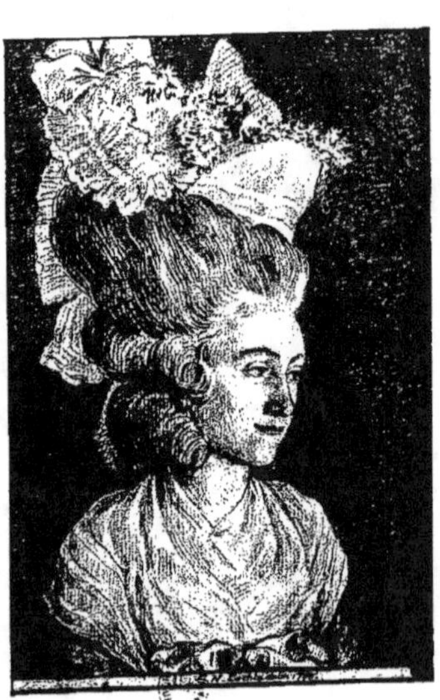

49 — Cochin le Fils (C.-N.).
Portrait de femme.

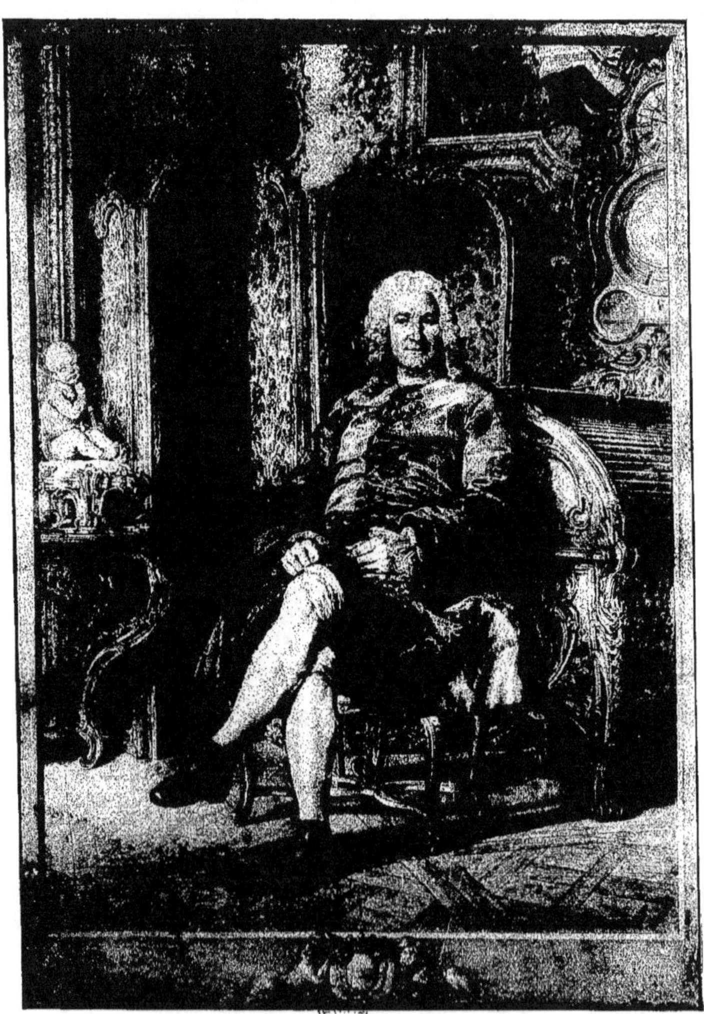

50 — Cochin le Fils (C.-N.). *Portrait de Messire Jean Pâris de Montmartel.*

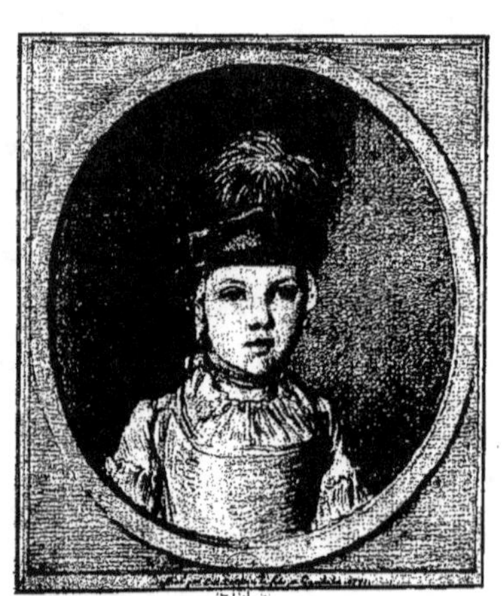

55 — Cochin le Fils (C.-N.).
Portrait d'enfant, de Gandelu.

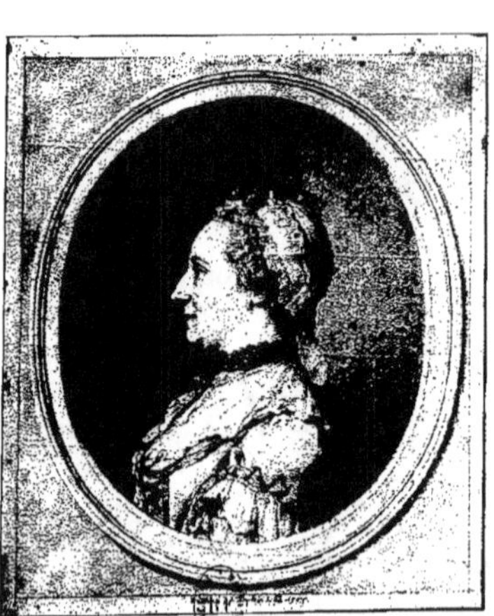

51 — Cochin le Fils (C.-N.).
Portrait de Mme Chardin.

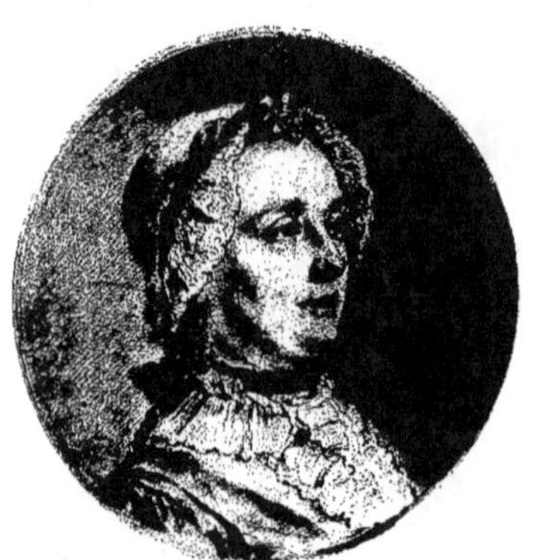

53 — COCHIN LE FILS (C.-N.).
Portrait de Mme Chardin, femme du peintre.

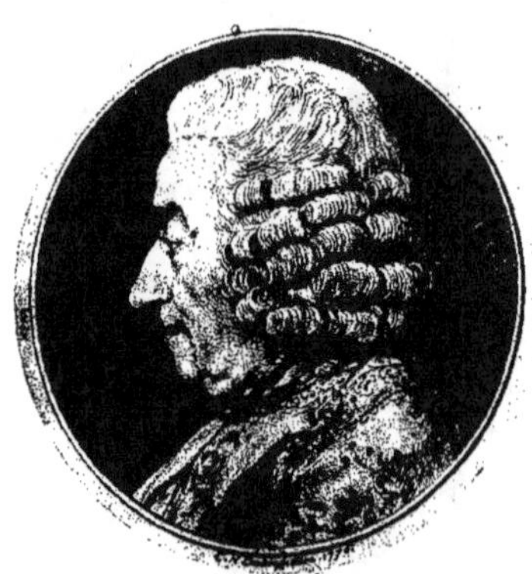

52 — COCHIN LE FILS (C.-N.).
Portrait du peintre J.-B.-S. Chardin.

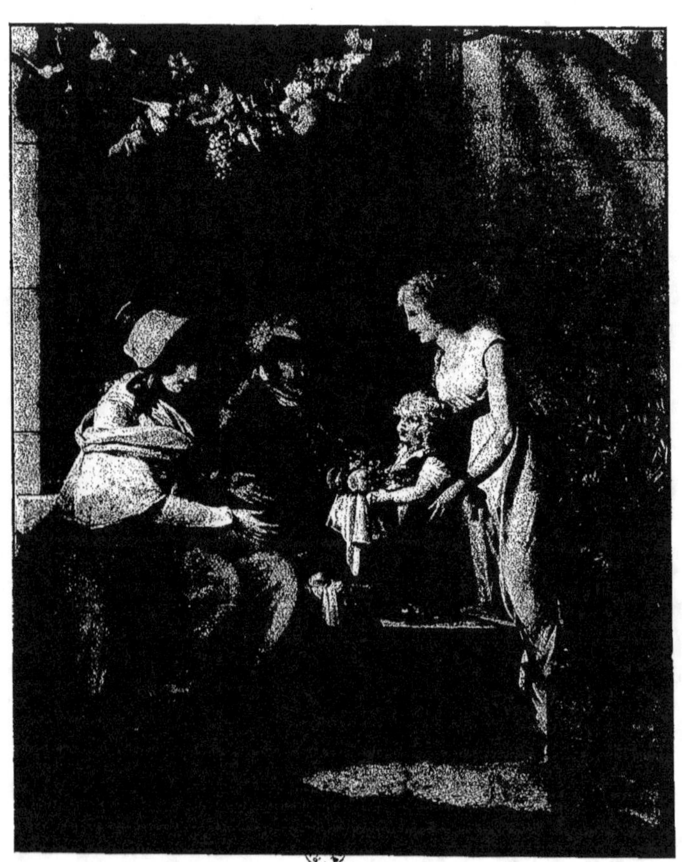

58 — DEBUCOURT (P. L.). *Les Joies maternelles.*

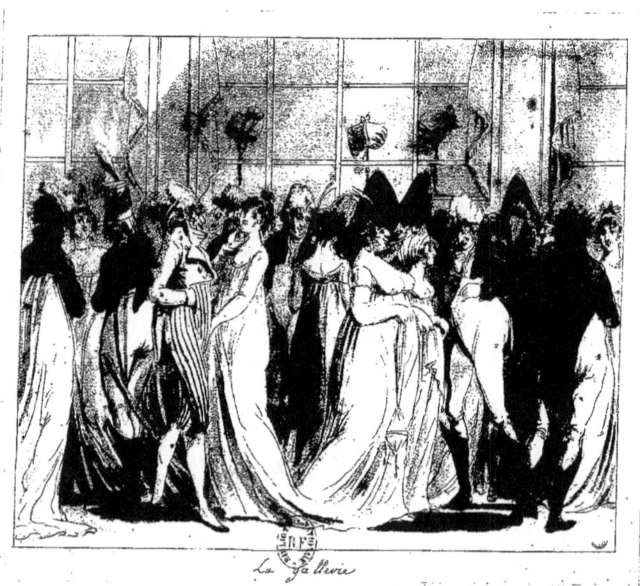

59 — DEBUCOURT (P.-L.). *La Galerie (du Palais-Royal).*

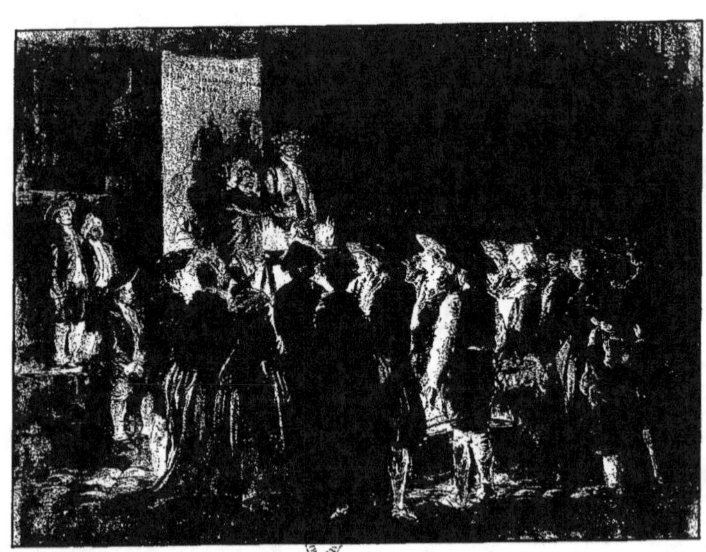

61 — Demachy (P.-A.), *Le Marchand d'orviétans.*

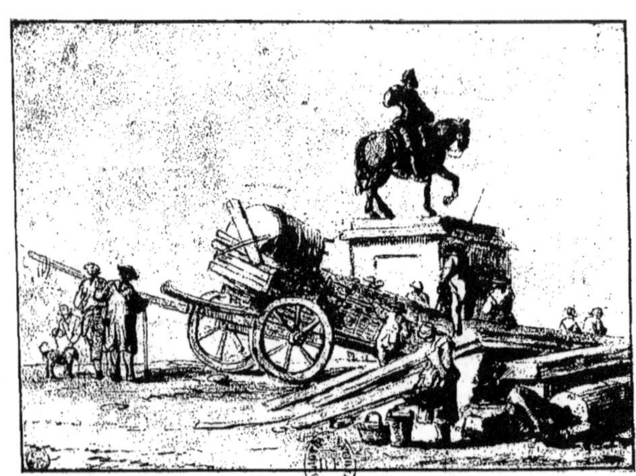

62 — Demachy (P.-A.). *La Statue d'Henri Quatre.*

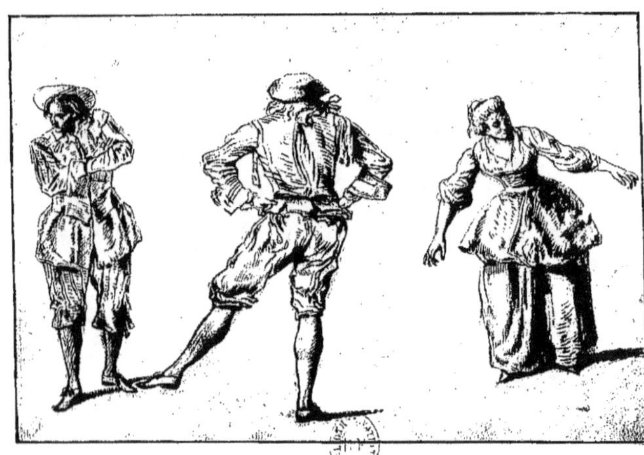

67 — École Française (XVIIIᵉ siècle). *Feuille d'études.*

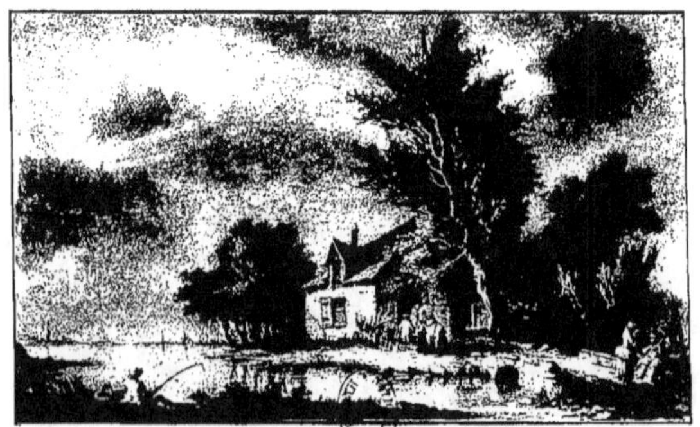

63 — DESFRICHES (A.-T.). *Le Pêcheur.*

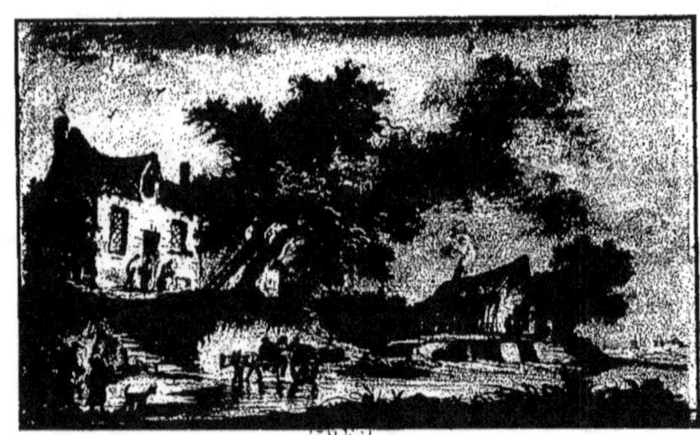

64 — DESFRICHES (A.-T.). *La Charrette.*

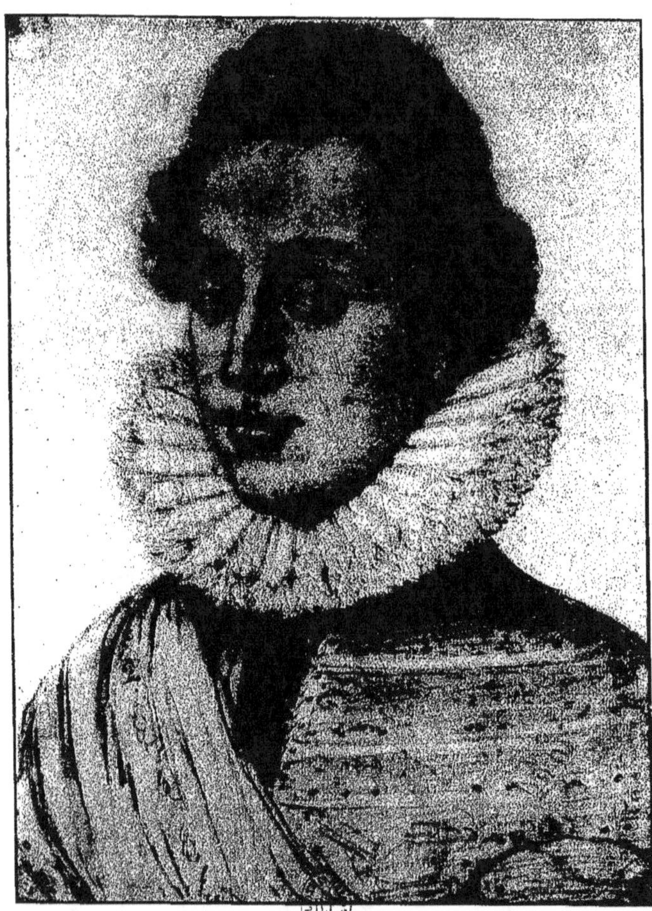

65 — DUMONSTIER (D.). *Portrait d'un homme de qualité.*

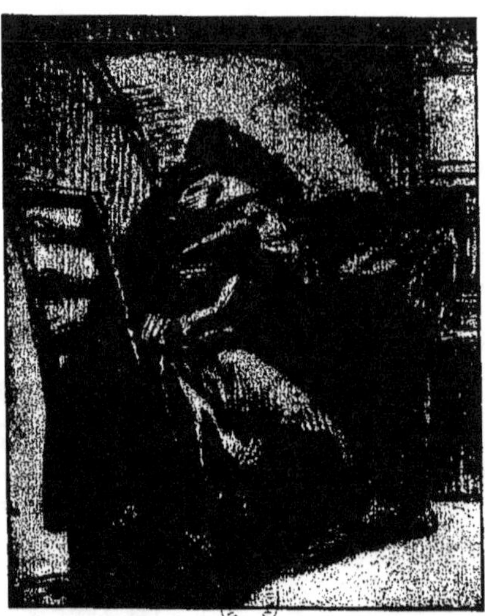

69 — ÉCOLE FRANÇAISE (XVIIIe siècle).
Le Graveur.

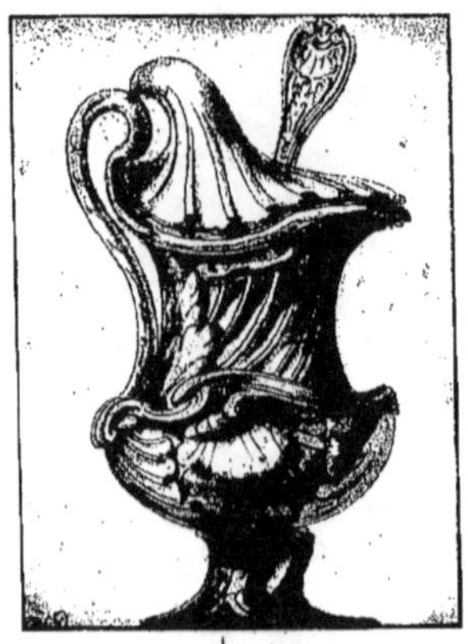

60 — DELAFOSSE (J.-C.).
Projet de moutardier, en orfèvrerie.

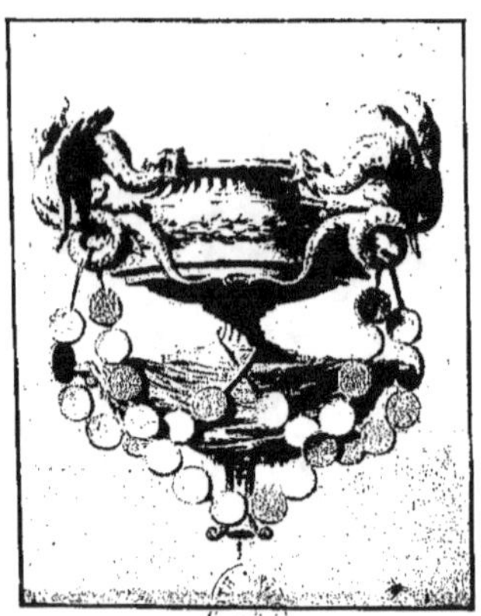

70 — ÉCOLE FRANÇAISE (XVIIIe siècle).
Cul-de-lampe.

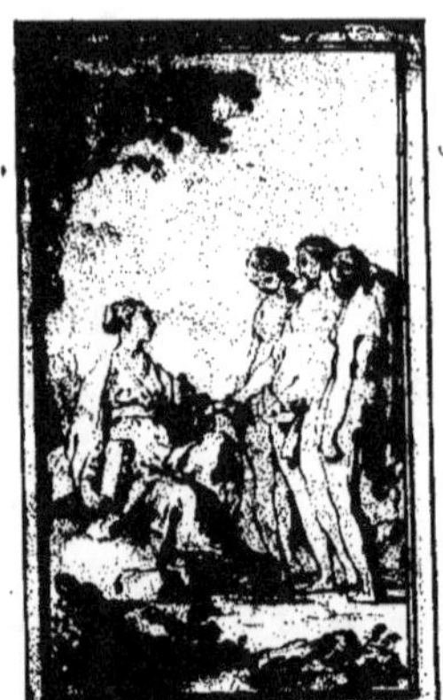

72 — EISEN (C.-D.-J.).
Vignette pour illustration.

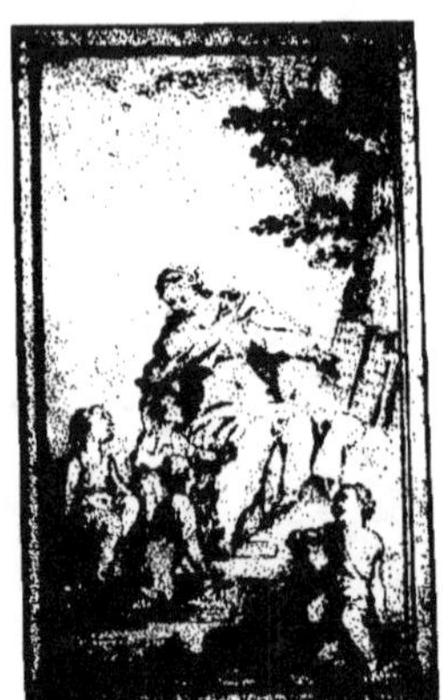

72 — EISEN (C.-D.-J.).
Vignette pour illustration.

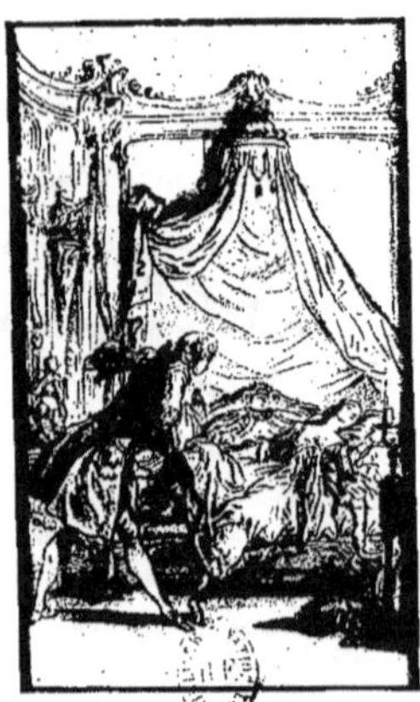

73 — EISEN (C.-D.-J.).
Vignette pour « Angola ».

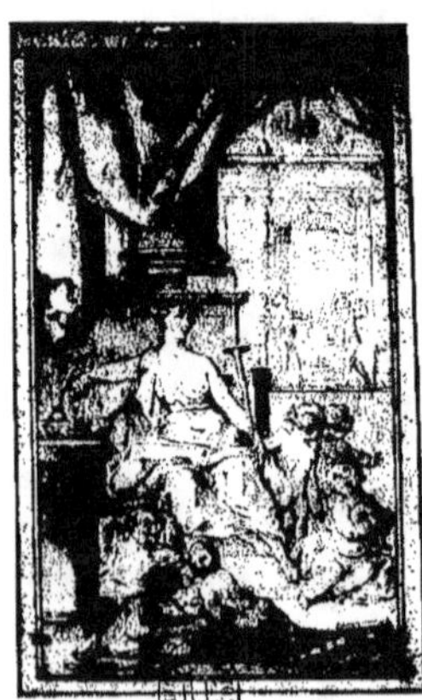

72 — EISEN (C.-D.-J).
Vignette pour illustration.

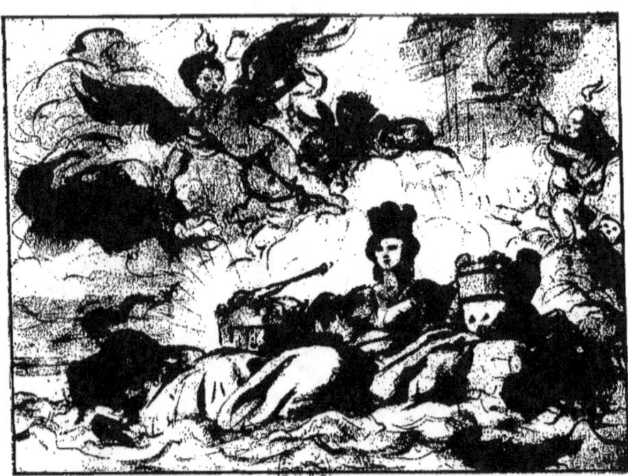

74 — FRAGONARD (J.-H.). *Vignette en tête du « Discours préliminaire ».*

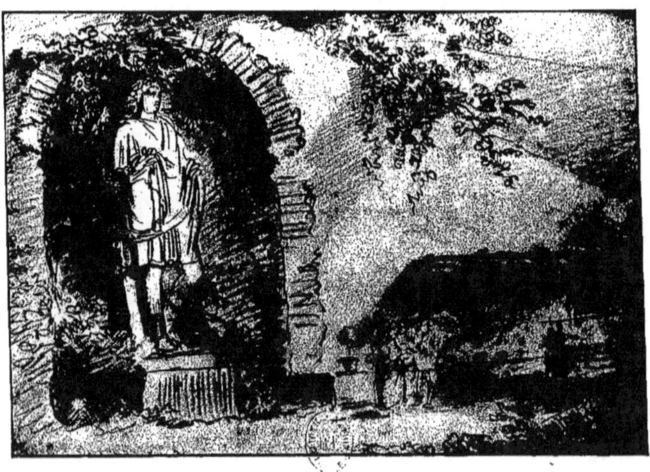

77 — FRAGONARD (J -H.). *La Statue antique.*

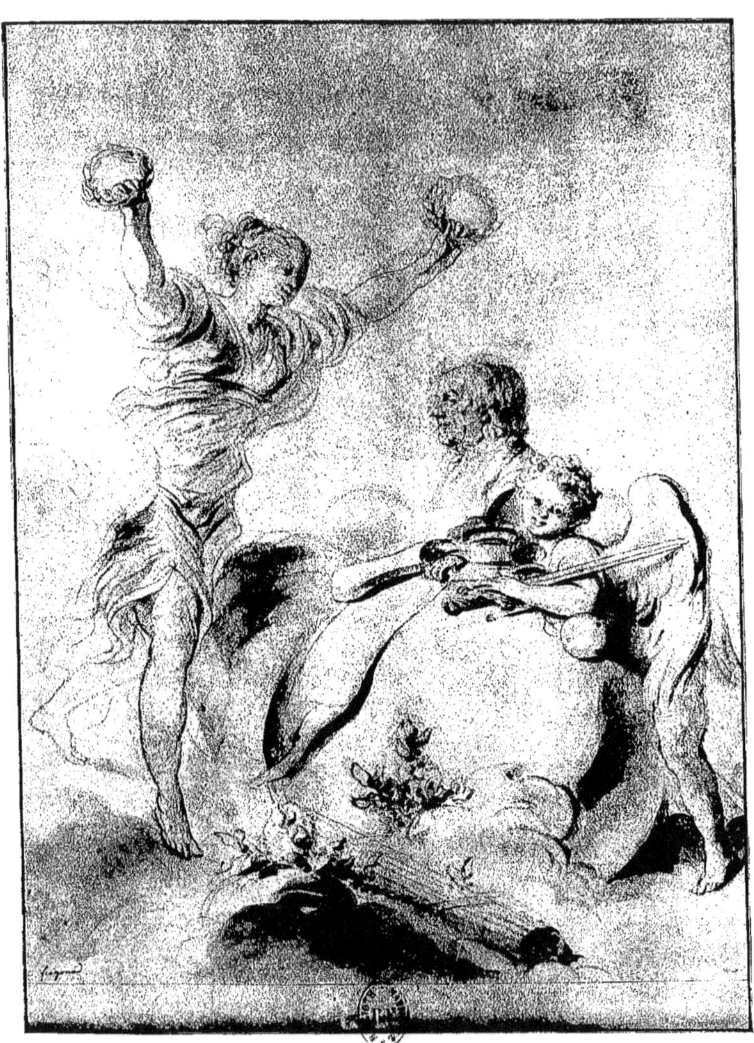

75 — FRAGONARD (J.-H.). *Muse couronnant le buste de Franklin.*

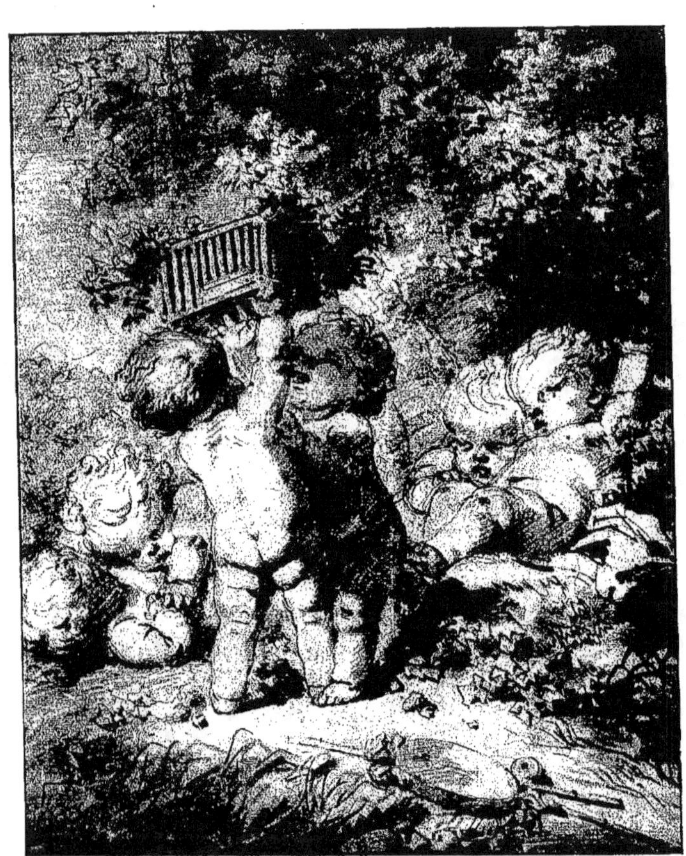

76 — Fragonard (J.·H.). *Les Enfants à la cage.*

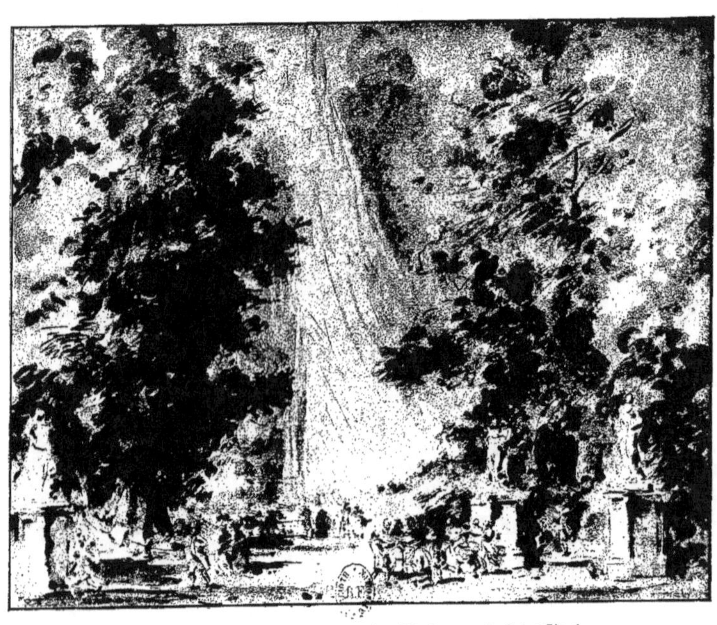

78 — FRAGONARD (J.-H.). *La Grande Allée du parc de Saint-Cloud.*

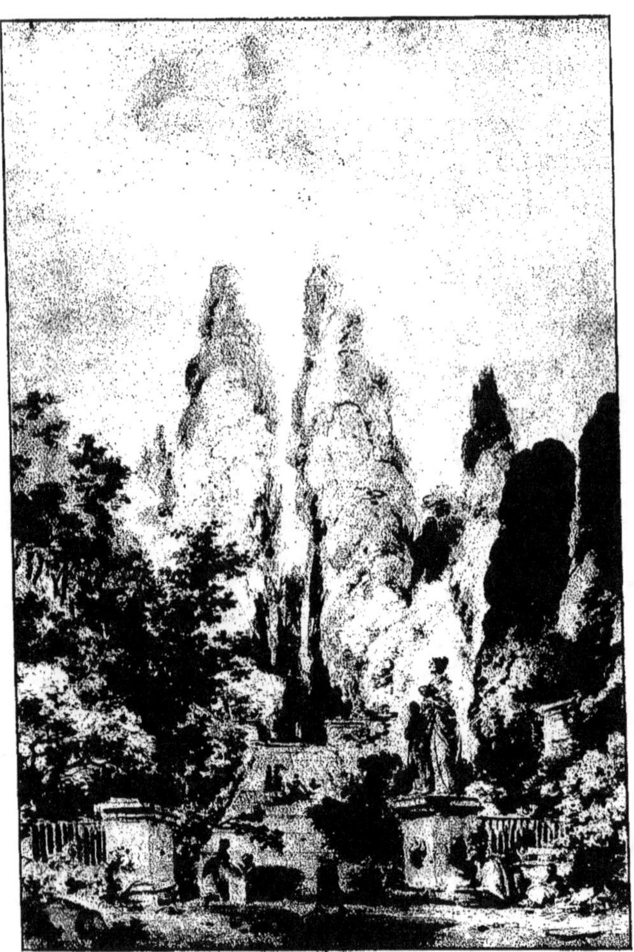

79 — Fragonard (J.-H.). *Escalier dans le parc d'une villa italienne.*

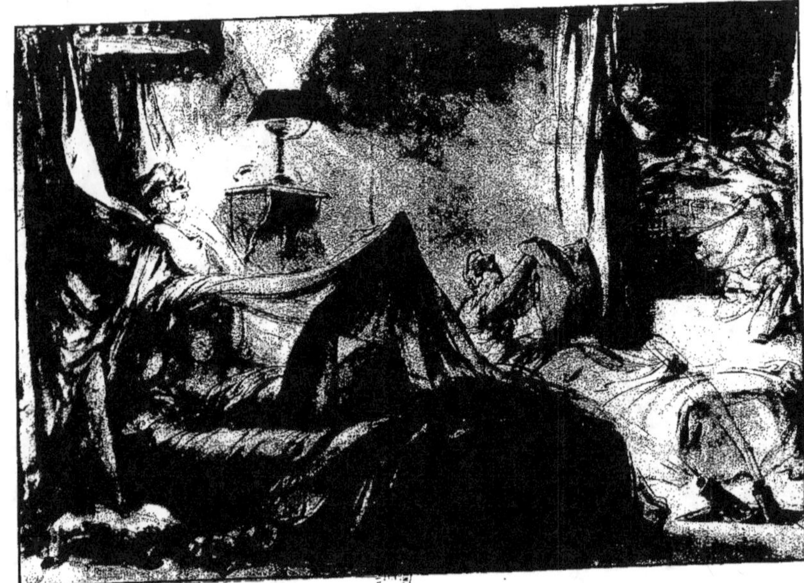

80 — FRAGONARD (J.-H.). *Les Jets d'eau.*

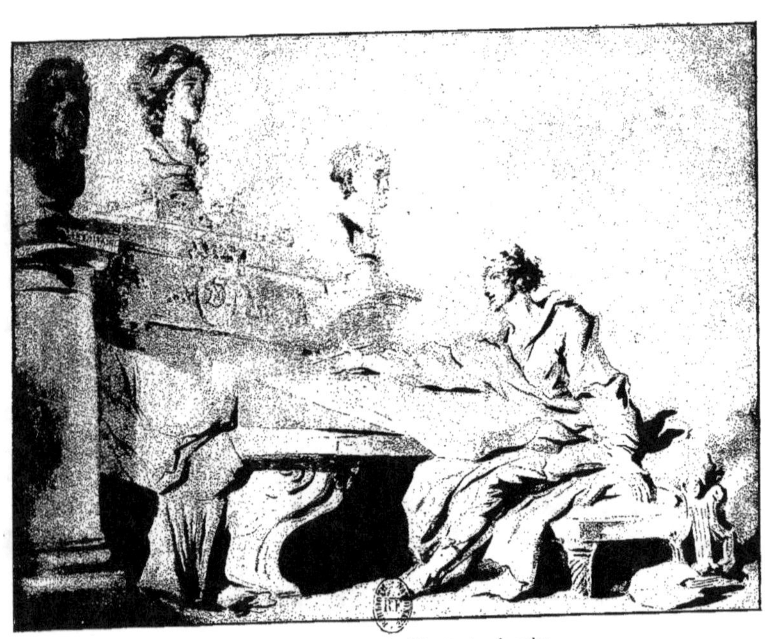

81 — FRAGONARD (J.-H.). *L'Inspiration du poète.*

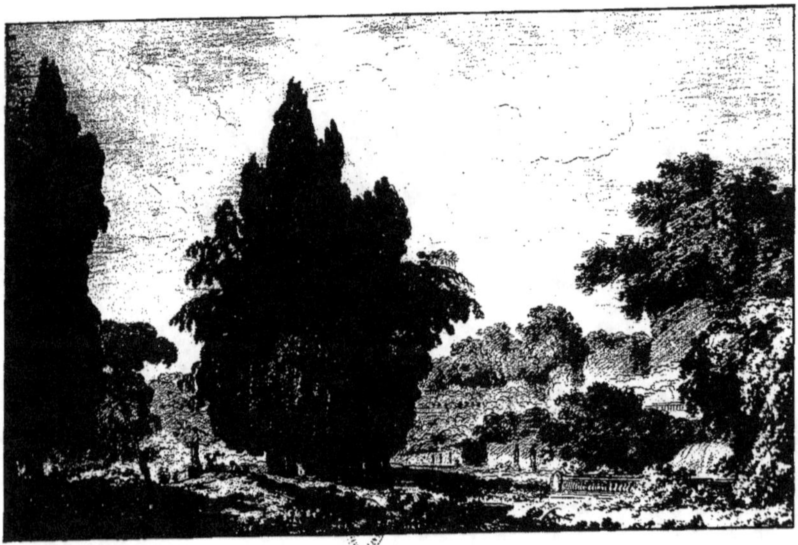

82 — FRAGONARD (J.-H.). *Parc d'une villa italienne.*

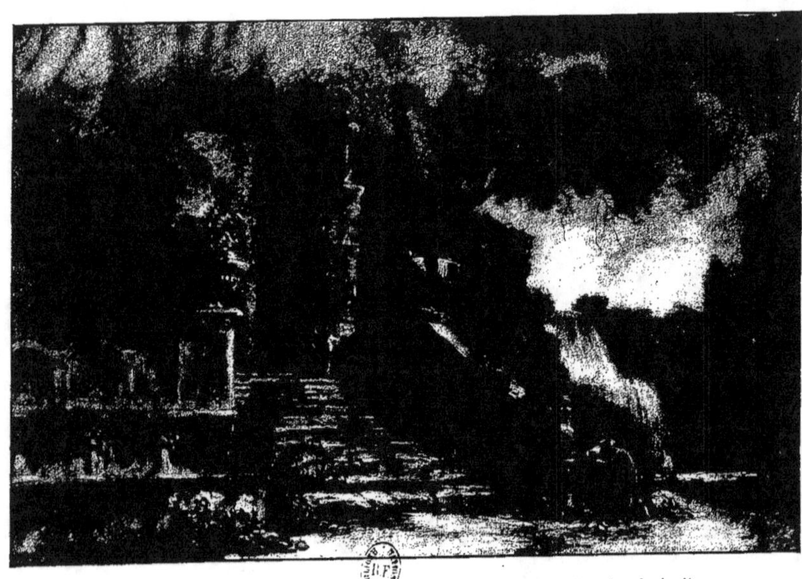

83 — FRAGONARD (J.-H.). *Villa d'Este, à Tivoli, près Rome : la Terrasse d'eau dans les jardins.*

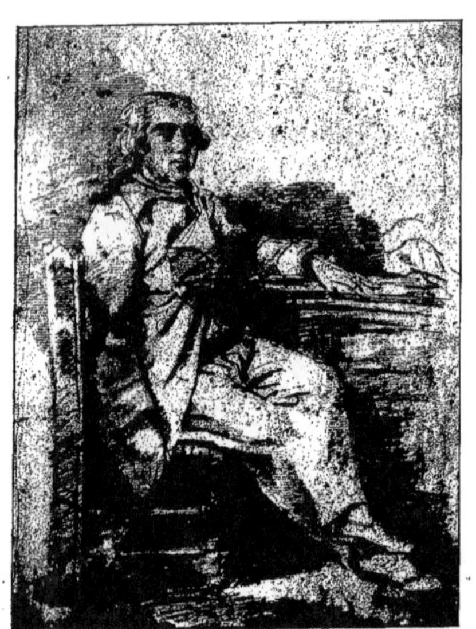

84 — FRAGONARD (J.-H.).
Portrait d'Hubert Robert à Rome.

85 — FRAGONARD (J.-H.).
Portrait de Mlle Gérard, debout.

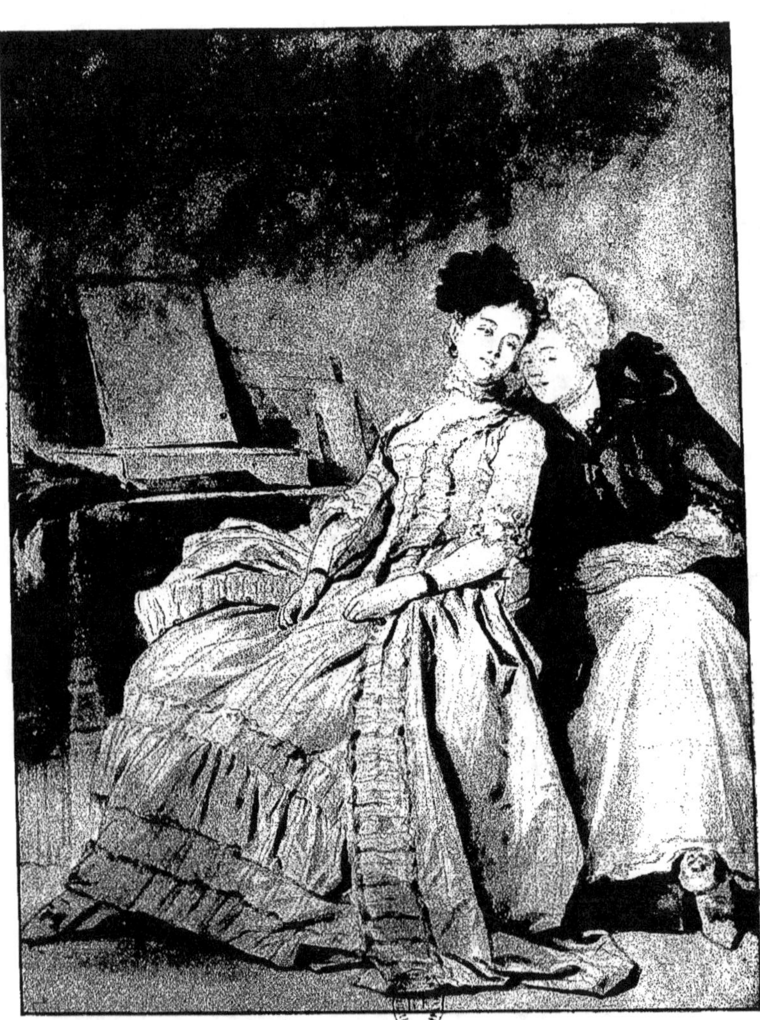

86 — FRAGONARD (J.-H.). *La Confidence.*

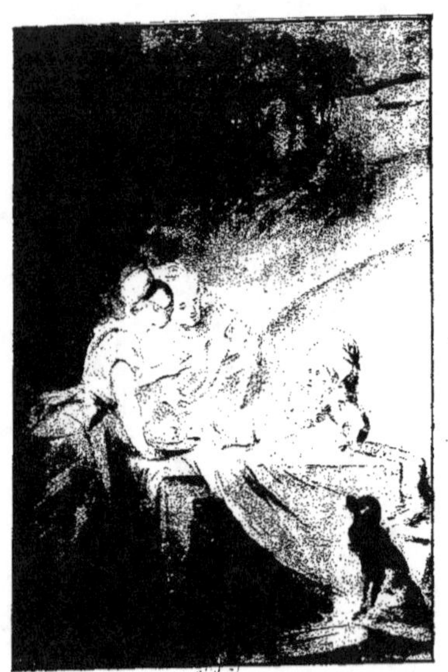

87 — Fragonard (J.-H.). *La Consultation.*

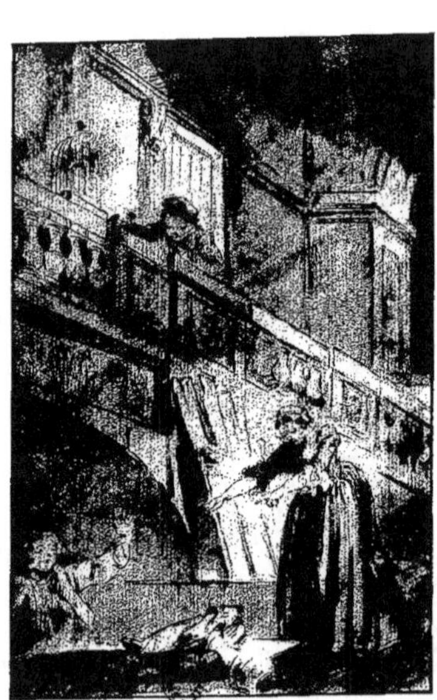

91 — Fragonard (J.-H.). *Les Quiproquo.*

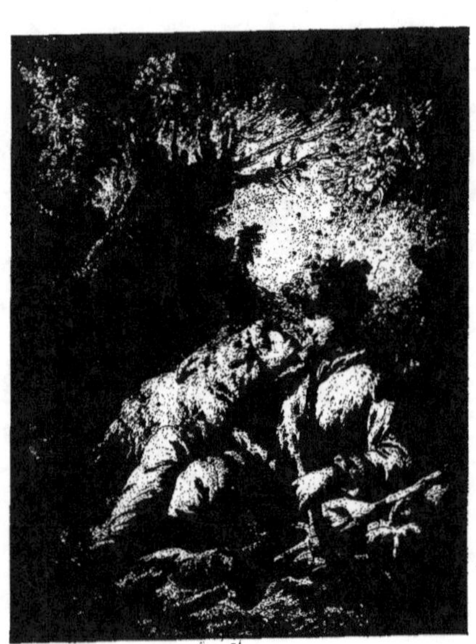

111 — HUET (J.-B.).
Le Mouton favori ou *Le Berger*.

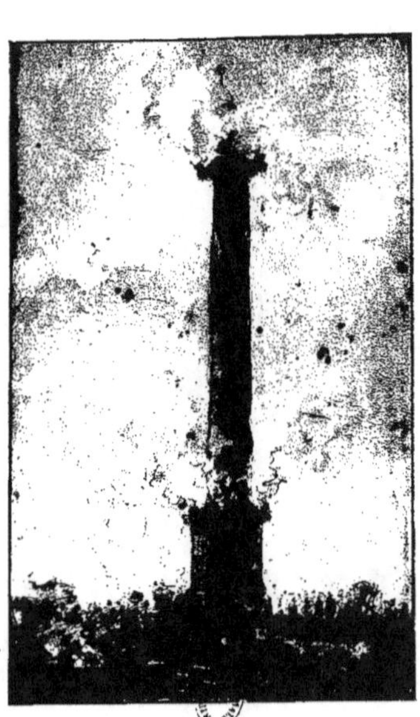

88 — FRAGONARD (J.-H.).
La Colonne de Marc-Aurèle.

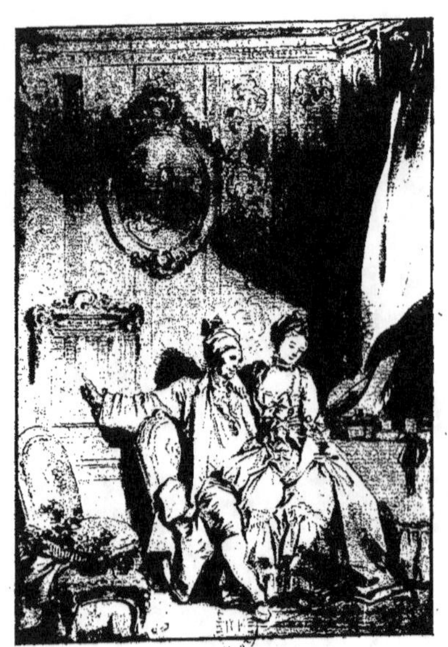

90 — Fragonard (J.-H.).
Le Calendrier des Vieillards.

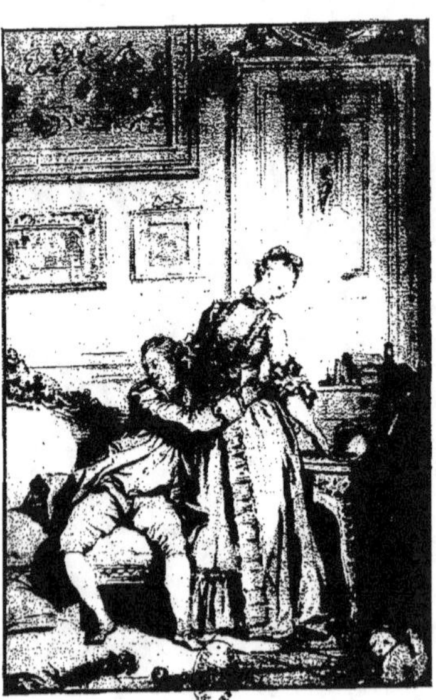

89 — Fragonard (J.-H.).
A Femme avare, galant escroc.

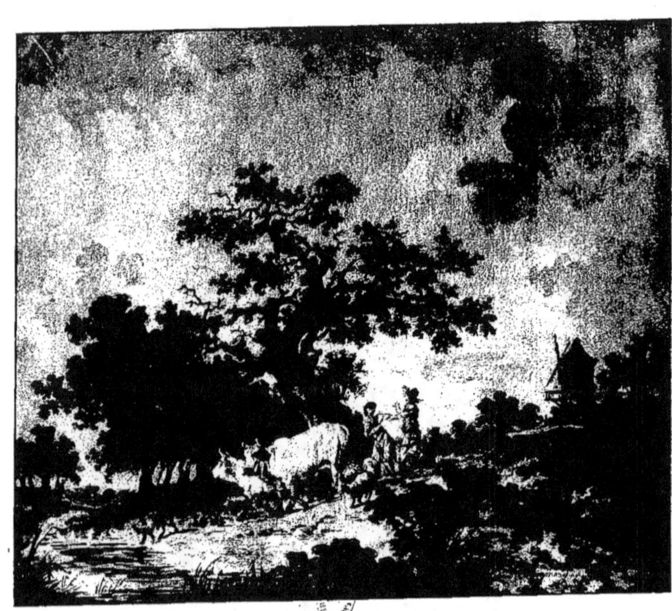

92 — Fragonard (J.-H.) *La Rentrée du troupeau.*

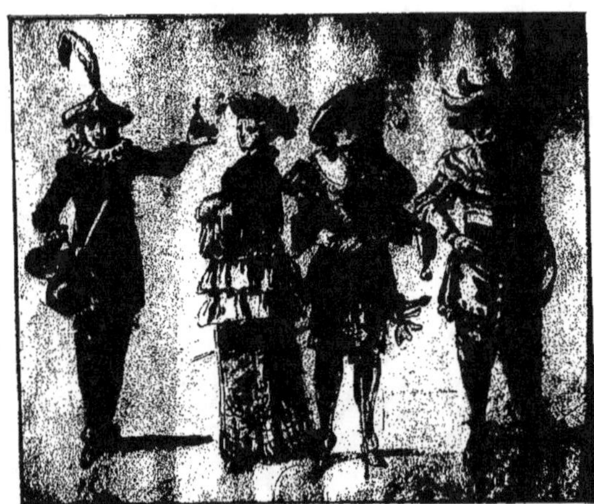

93 — GILLOT (C.). *Personnages de la Comédie italienne.*

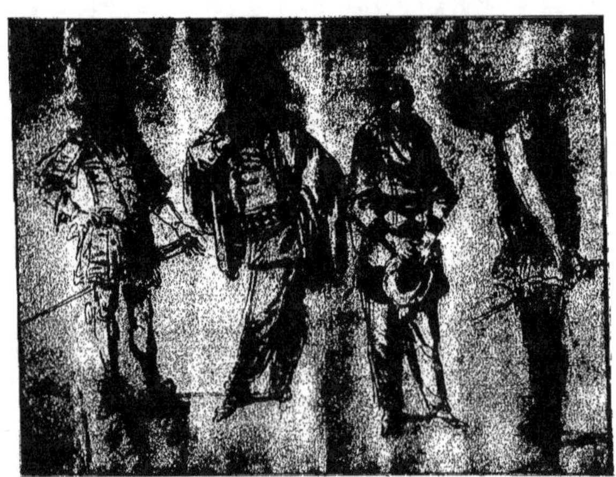

93 — GILLOT (C.). *Personnages de la Comédie italienne.*

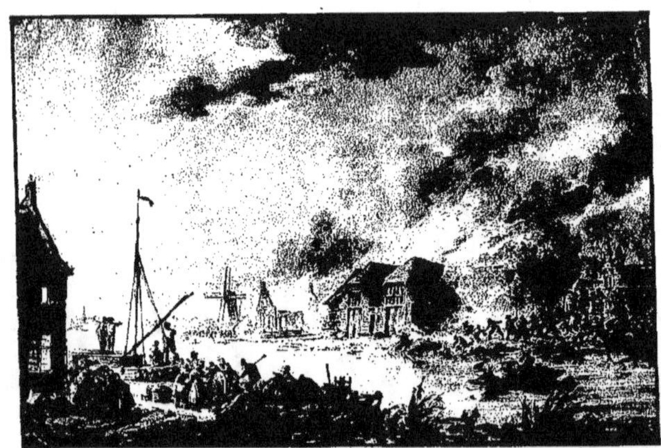

118 — LANGENDYCK (D.). *L'Incendie.*

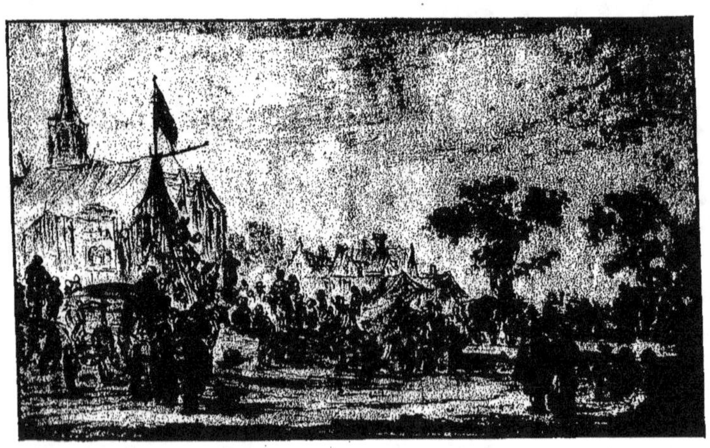

94 — GOYEN (JAN VAN). *Fête de village, en Hollande.*

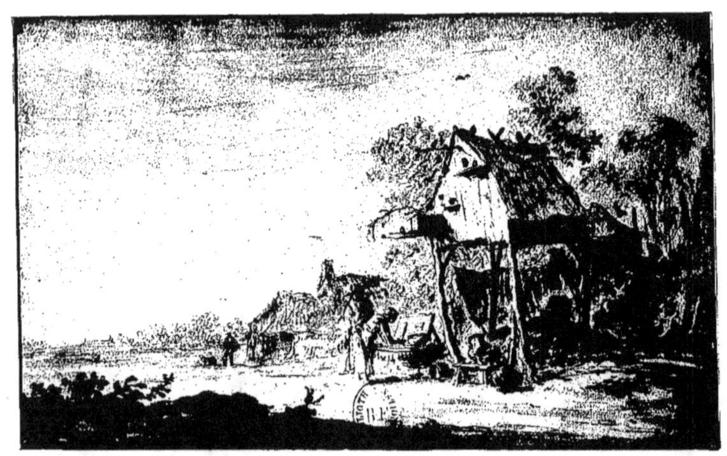

95 — GOYEN (J. VAN). *Le Pigeonnier.*

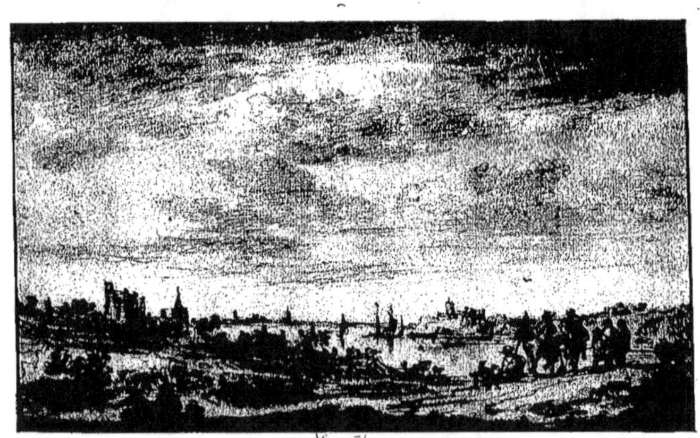

98 — GOYEN (J. VAN). *Bord de fleuve et personnages.*

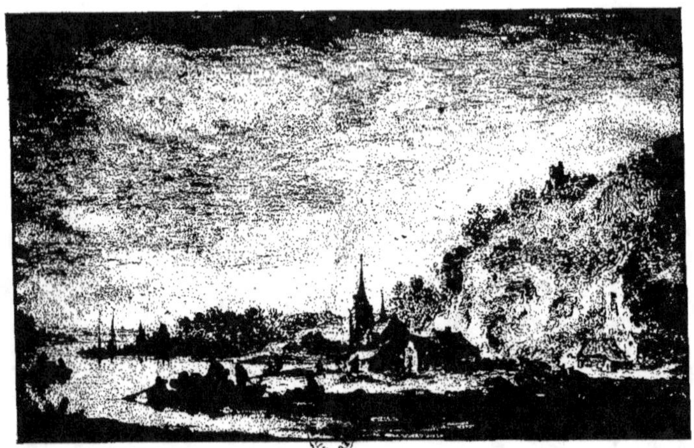

96 — GOYEN (J. VAN). *Village au bord d'une rivière.*

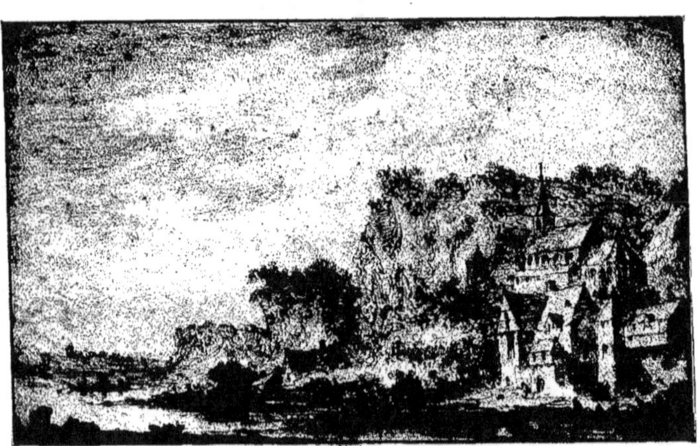

97 — GOYEN (J. VAN). *Village dominant une rivière.*

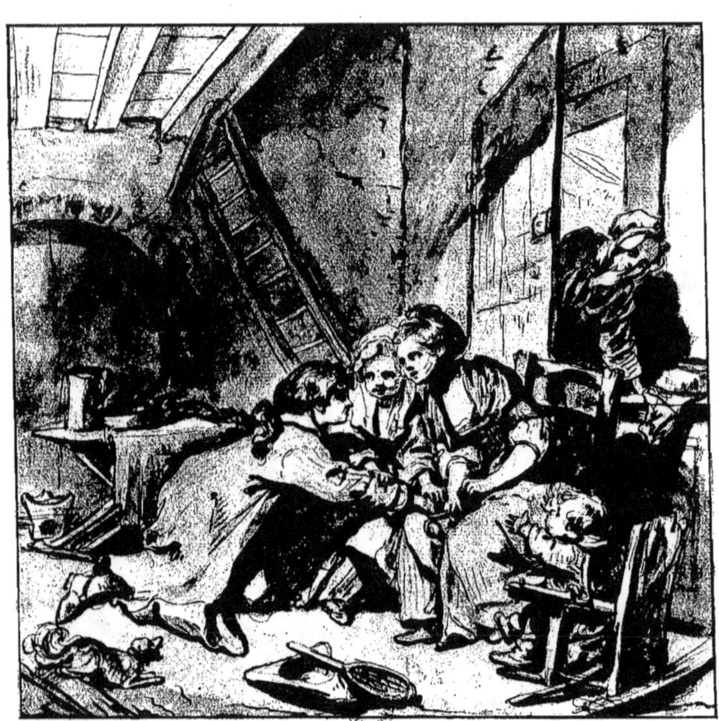

99 — Greuze (J.-B.). *Les Enfants surpris.*

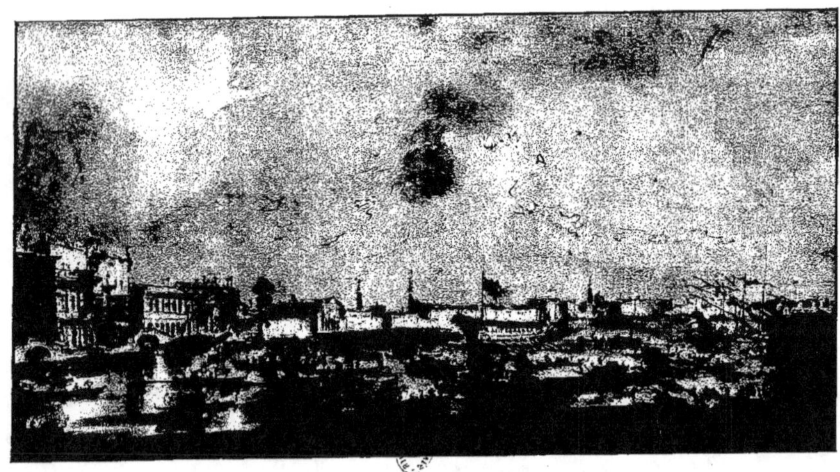

100 — GUARDI (F.). *La Fête du Bucentaure, à Venise.*

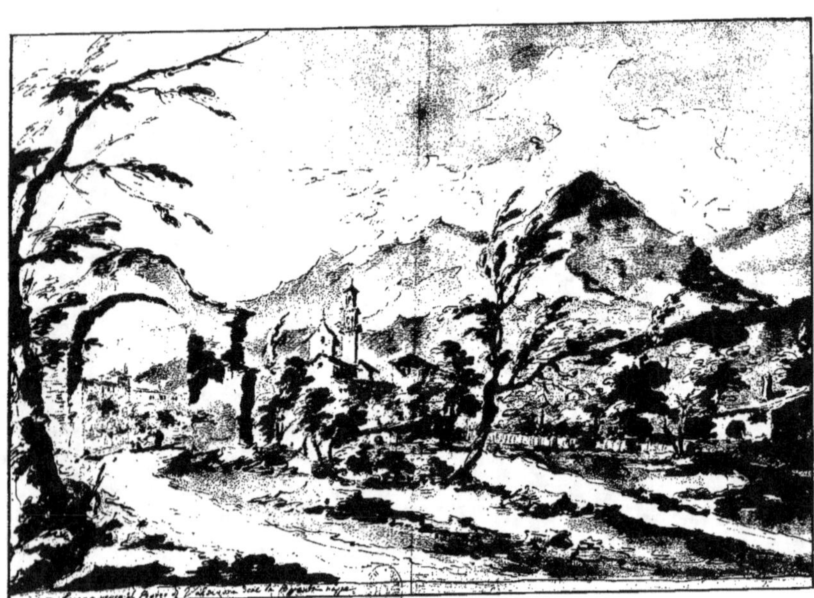

101 — GUARDI (F.). *Vue de Levico, dans le val Sugana.*

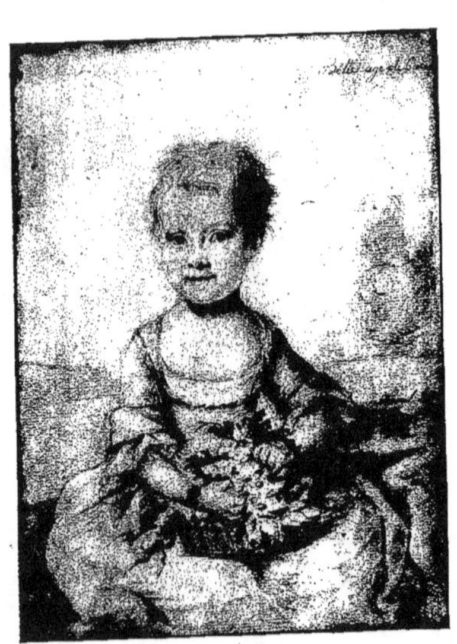

102 — Heinsius (J.-E.). *Bélise à l'âge de six ans.*

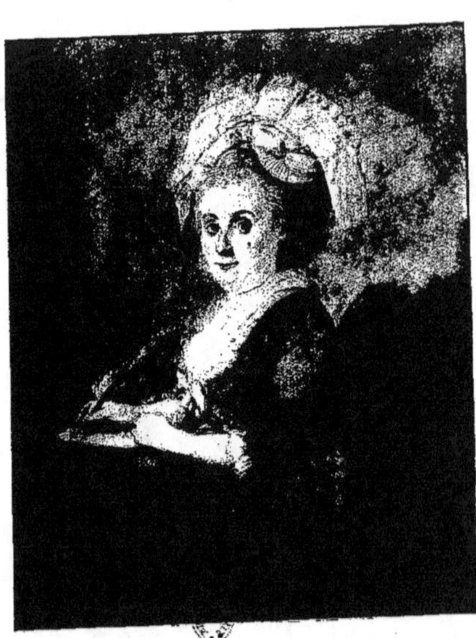

105 — Hilaire (J.-B.). *Portrait de femme.*

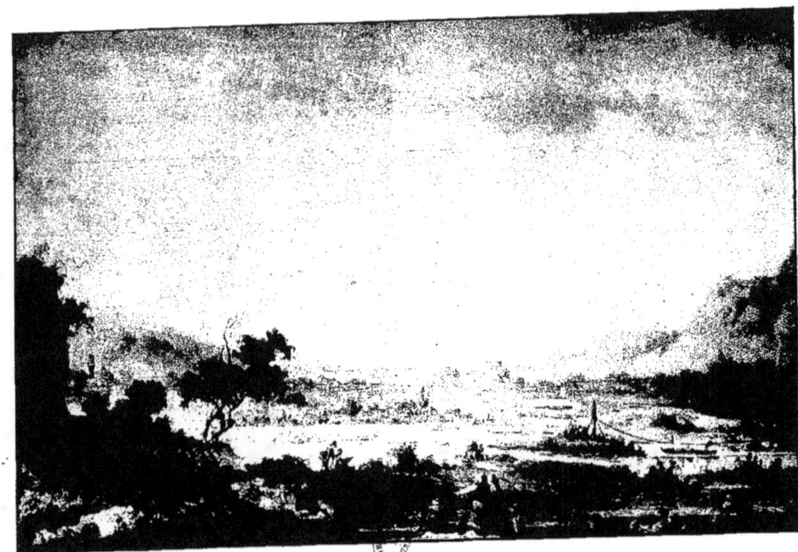

103 — Hᴵʟᴬᴵᴿᴱ (J.-B.). *Ruines de Milet et cours du Méandre.*

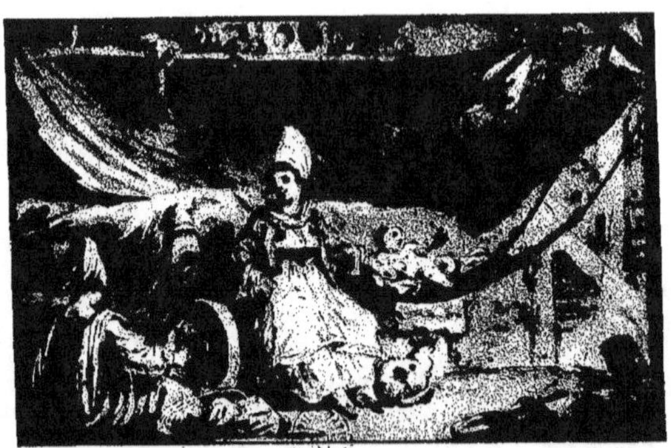

104 — HILAIRE (J.-B.). *Femmes de l'île de Siphanto (Grèce).*

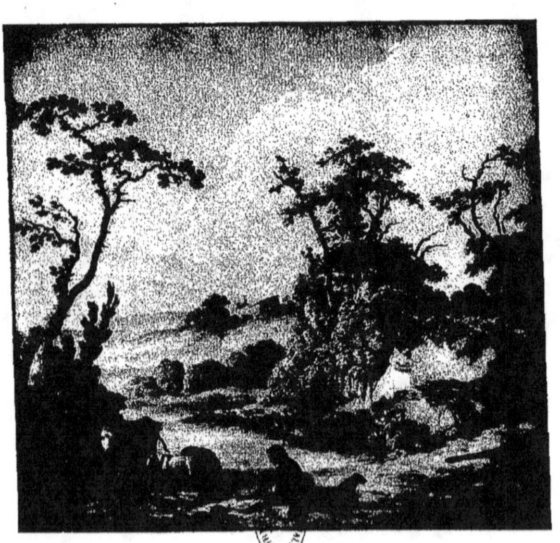

112 — HUET (J.-B.). *Le Passage du gué.*

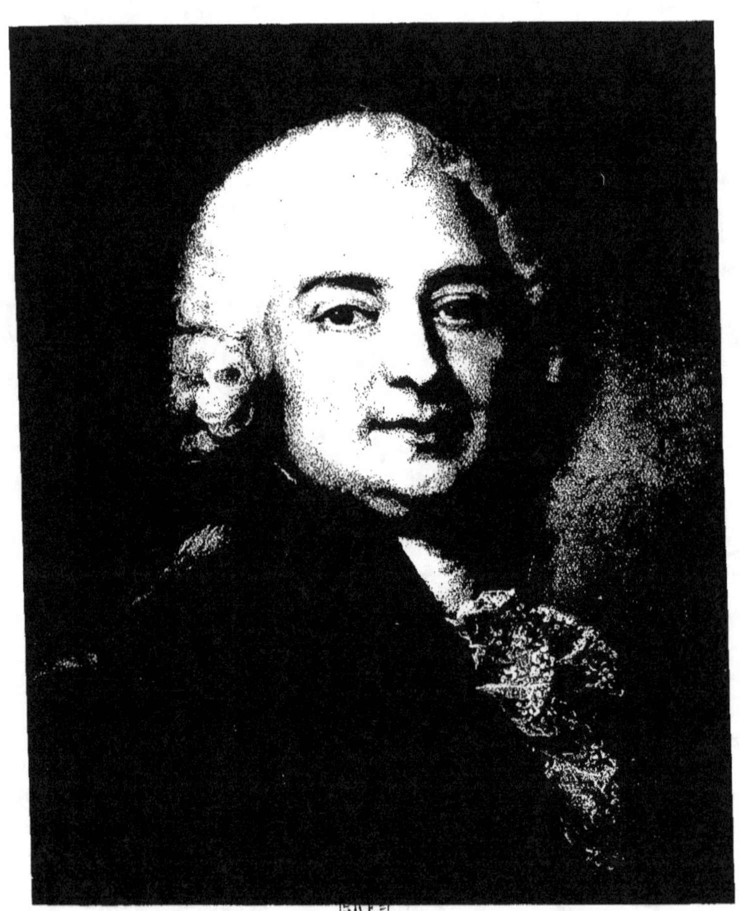

106 — HOIN (C.-J.-B.). *Portrait de Jean-Jacques Louis Hoin.*

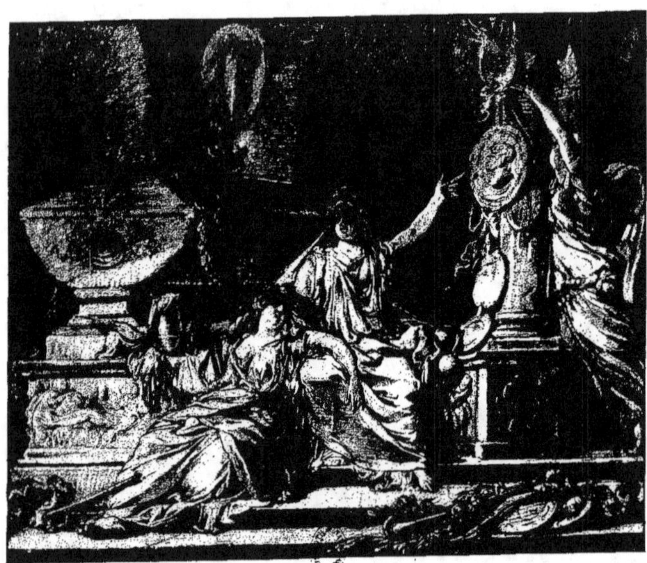

107 — Houdon (J.-A.). *La Douleur consolée par la Justice.*

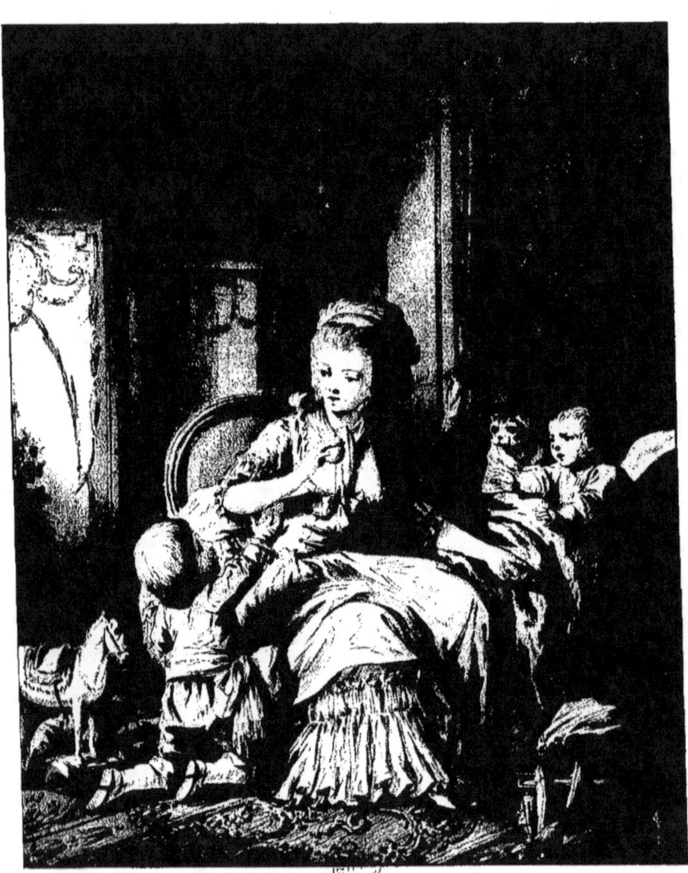

108 — HUET (J.-B.). *L'Accord maternel.*

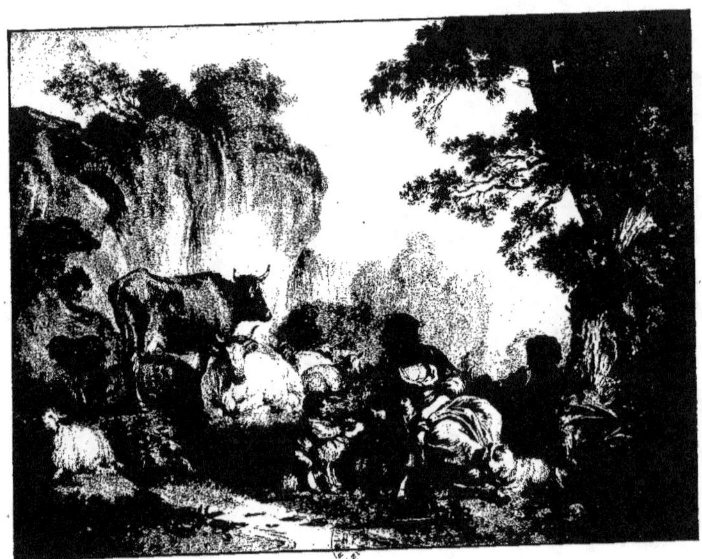

109 — HUET (J.-B.). *Le Repos du troupeau.*

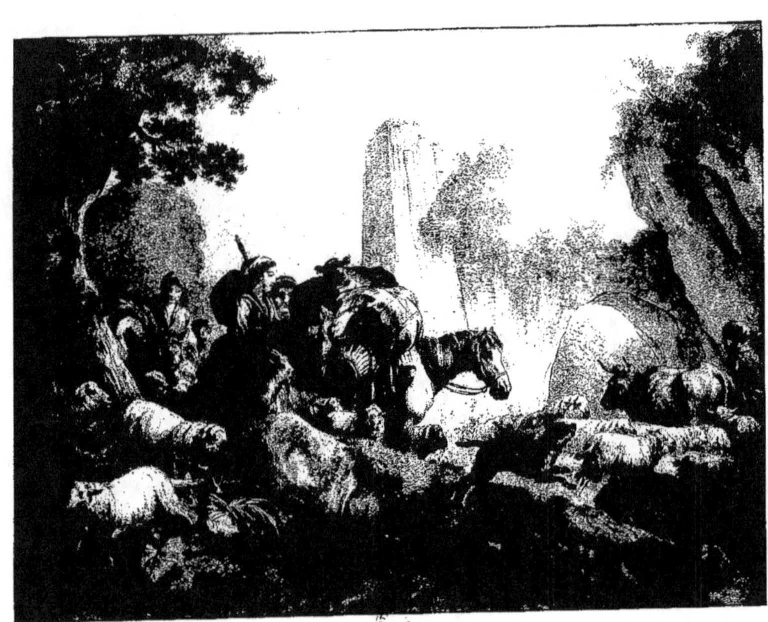

110 — HUET (J.-B.). *Le Départ du troupeau.*

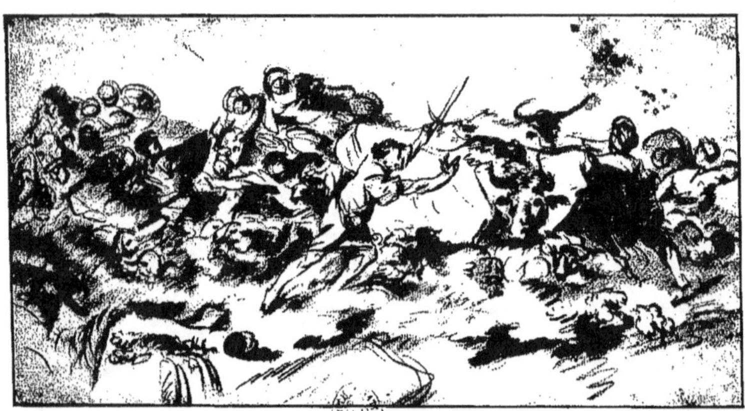

113 — Huet (J.-B.). *Le Troupeau effrayé.*

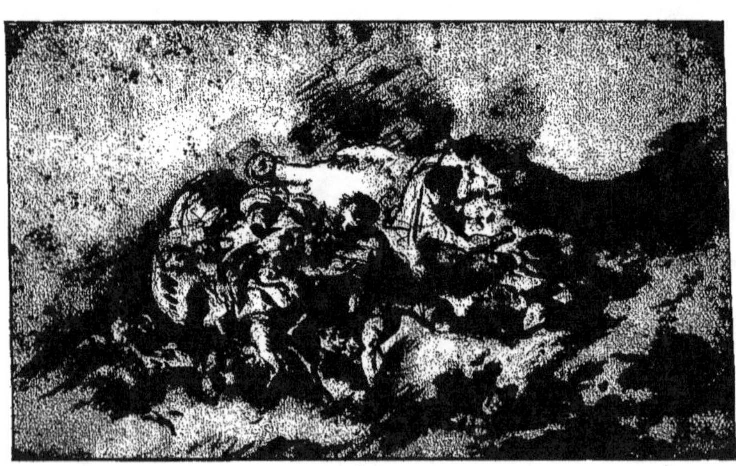

114 — Huet (J.-B.). *Rencontre de troupeaux.*

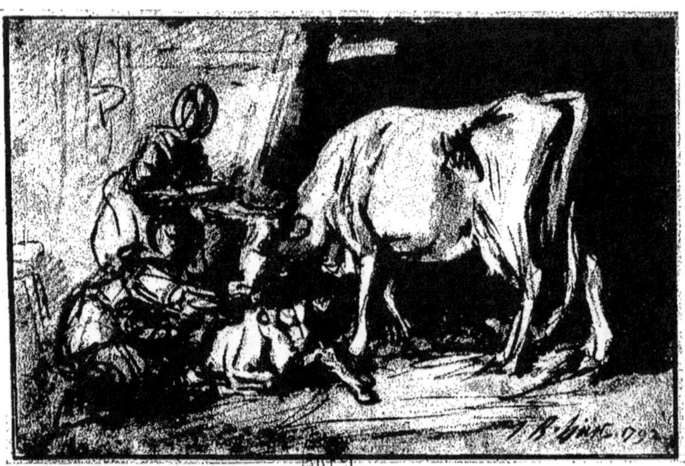

115 — HUET (J.-B.). *Intérieur d'étable : la toilette du veau nouveau-né.*

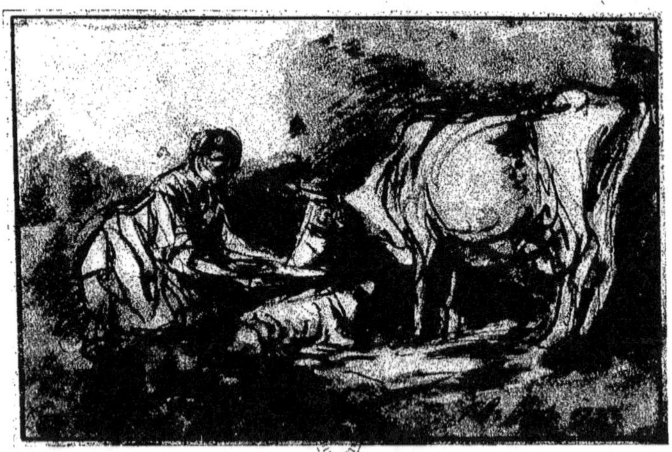

116 — HUET (J.-B.). *Intérieur d'étable.*

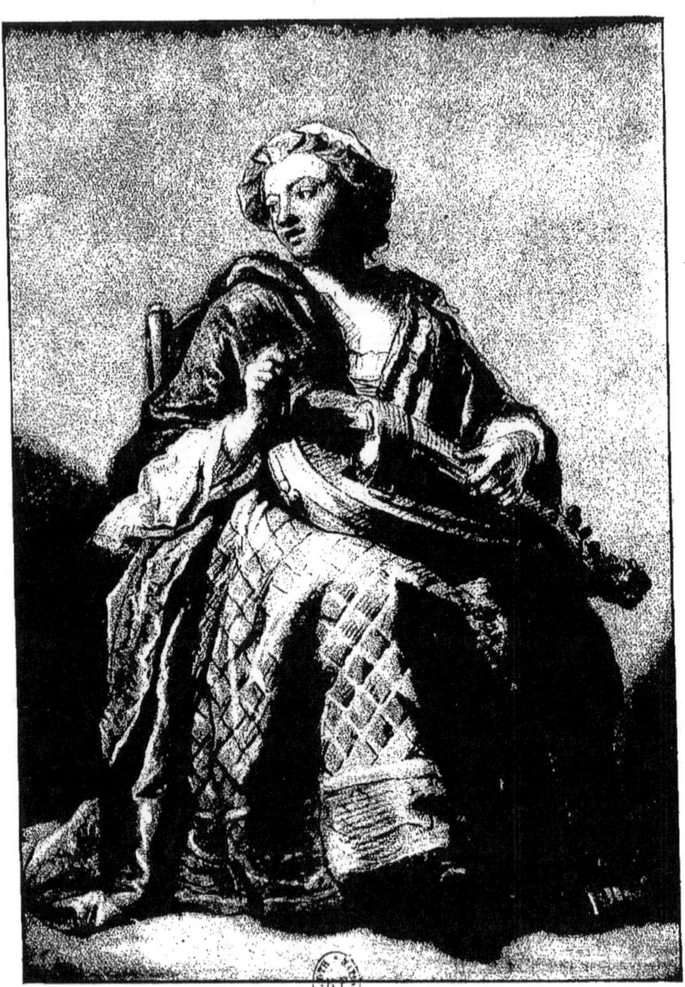

117 — JEAURAT (E.). *La Joueuse de vielle.*

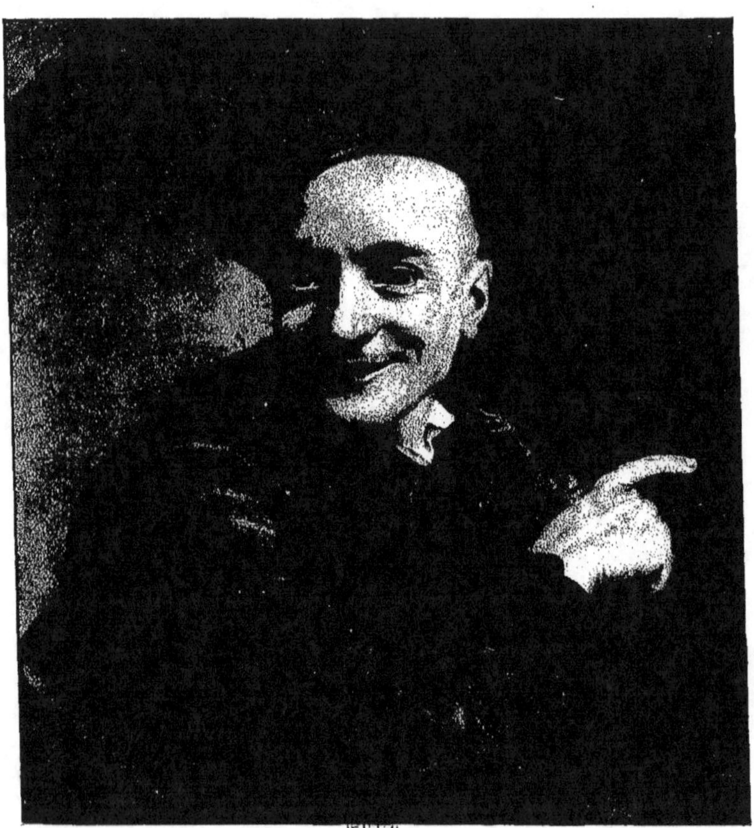

119 — LA TOUR. *Portrait de l'artiste, en buste.*

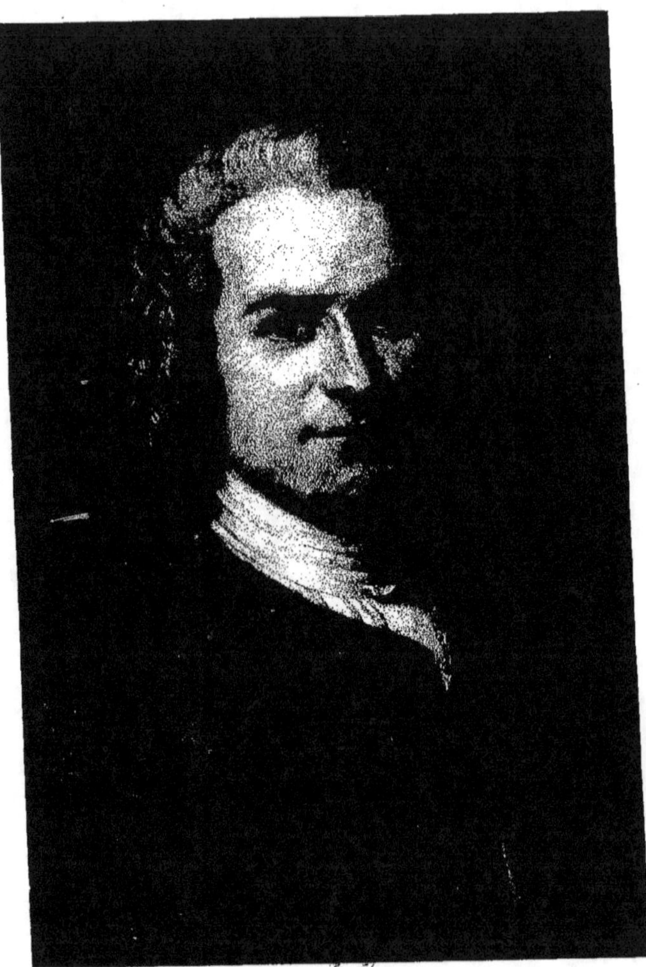

120 — LA TOUR. *Portrait de J.-J. Rousseau.*

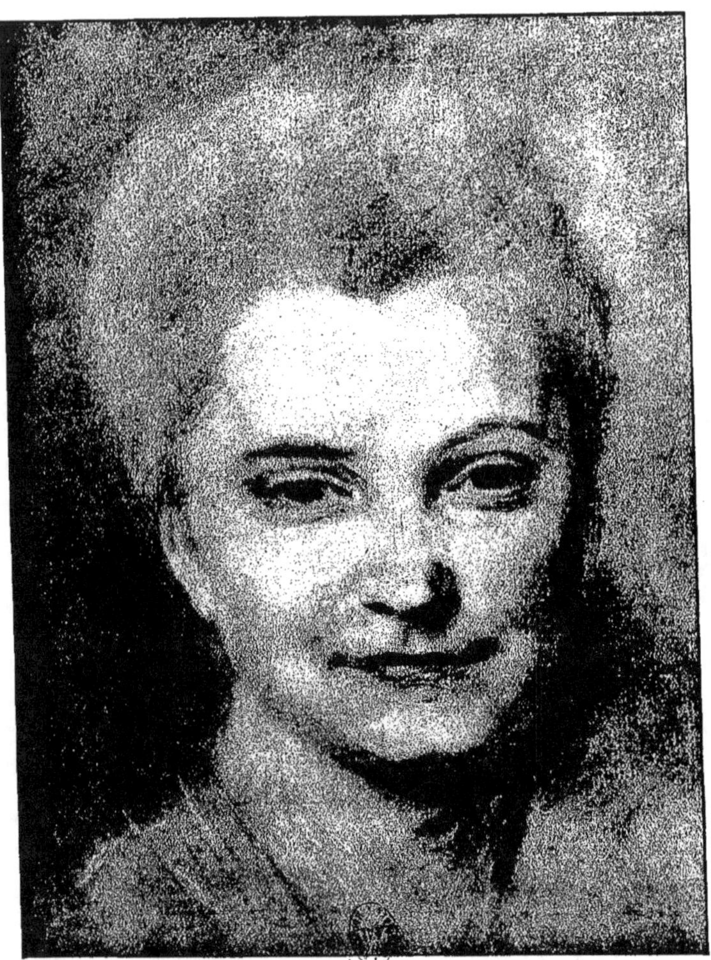

121 — La Tour. *Masque de jeune femme.*

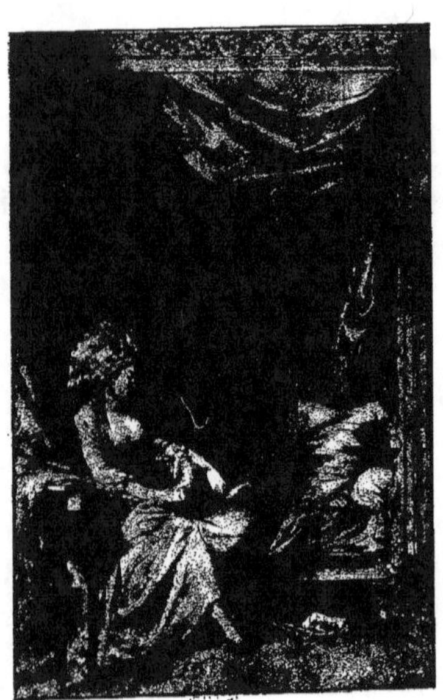

123 — Lawreince (N.).
Pauvre Minet, que ne suis-je à ta place?

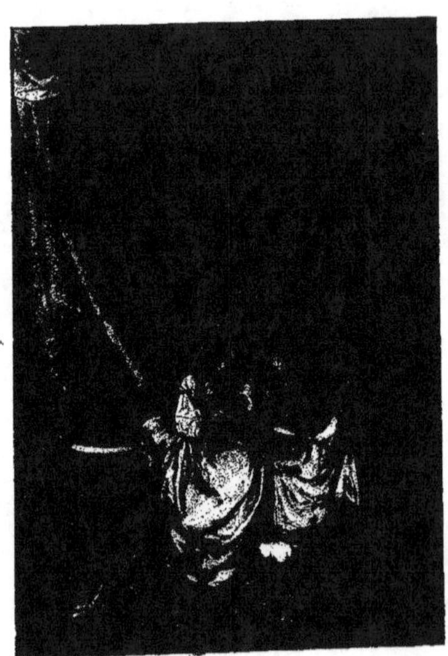

122 — Lawreince (N.).
Les Soins mérités.

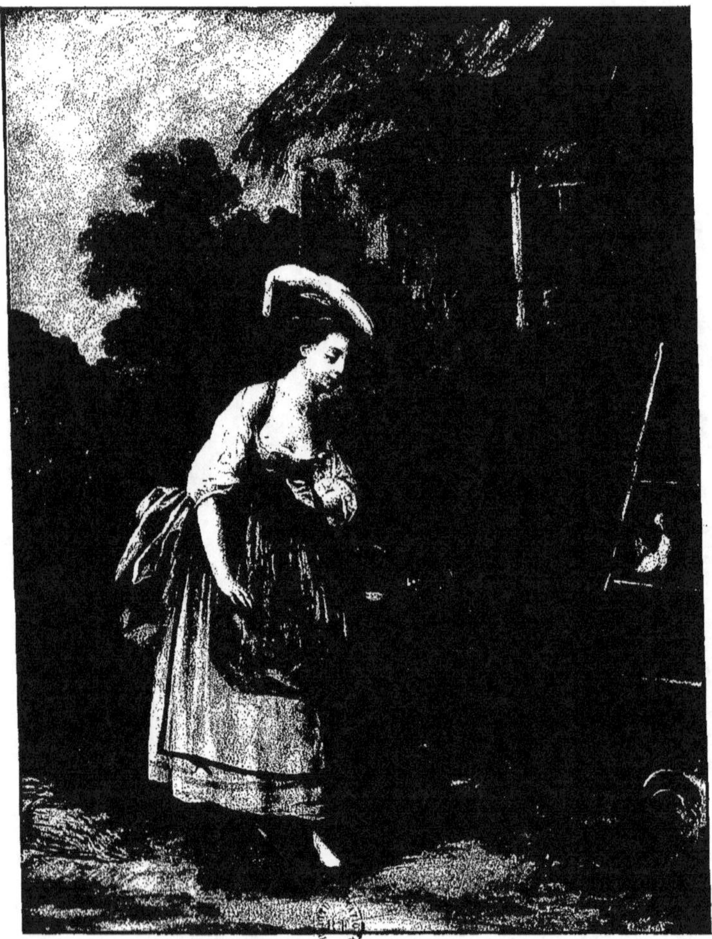

124 — LAWREINCE (N.). *La Jeune Fermière.*